KB242854

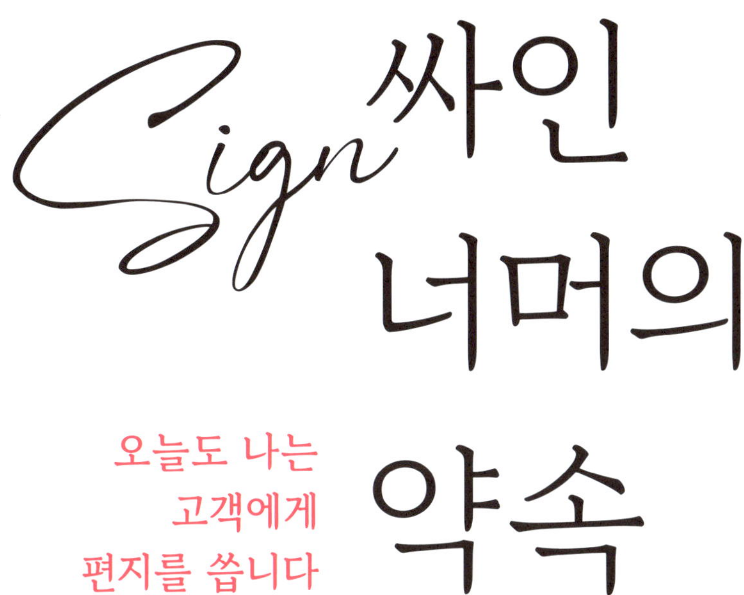

Sign 싸인 너머의 약속

오늘도 나는 고객에게 편지를 씁니다

이윤희 지음

도서출판 위

서른 중반에 유치원 부원장을 퇴사하고 2006년 1月 누구나 한 번쯤은 발을 내딛어 볼만한 보험사에 입사했습니다.

오랫동안 교회에서 주일학교 선생님을 하면서, 유치원 부원장을 하던 나에게 같은 교회에 다니던 집사님께서 이제 보험아줌마의 시대는 갔고 재무설계사의 시대로 바뀌었으니 이선생님같은 사람이 이일을 해야 된다며 설득한 끝에 보험회사에 대한 정보도 알수 없을 만큼 문외한인 내가 두려움반, 기대와 희망반을 안고 2개월의 수습기간을 통해 학습하고, 필드 활동을 하면서 그렇게 새로운 영업시장에 일을 하게 되었습니다.

아이들을 가르치는 일을 하던 제가 "상품을 판매" 하는 일이 쉬울일 없었겠지만, 제 성격이 한번 시작한 일은 끝까지 장기성을 두고 일하는 성향이다 보니 이렇게 현재 2026년 3月에 문턱에 와있는 저를 발견하게 되었네요.

현재도 현직에 머무르면서 영업과 사내강사를 겸업하며 지금도, 오늘도 "생존"하고 있음을 알려드리며 ^^ 보험과의 희로애락을 통하여 그동안 꾸준하게 고객관리를 하는 일부 중 20년 이상 고객에게 감사하며 써내려간 증권편지(손편지)를 나의 동료와 선후배 그리고 모든 시작하는 영업인들에게 공유하고 길잡이로 쓰여지길 바라며 이 편지를 내놓습니다.

To. 누구누구에게 다음에 첫 문장을 어찌 써야될지 모르는 모든 편지글을 쓰고 싶은 분들에게 저는 이렇게 쓰라 말하고 싶습니다.

첫번째, 계절인사를 처음 시작에 넣지 말것

예를 들어 따뜻한 봄이 왔어여, 어제는 첫눈이 내렸네요, 그 다음엔 정말 할말이 없어진다.

그래서 글을 쓸때에는 그냥 내가 당장 상대에게 하고픈 이야기를 깔끔하고 단백하게 쓰는것이 좋다.(제 편지 앞머리를 읽어보시면 이해될것이다.)

두번째, 글씨는 바르게 쓰는 것도 좋지만 예쁜 글씨체를 신경쓰다보면 정작 해야 될 말들이 머리게서 혼돈이 오간다.

그래서 글을 쓸때에는 예쁜 글씨체를 고집하지 않기를 바란다.

살펴보시면 알겠지만 제 편지 또한 "글" 내용에 마음을 담느라 지렁이 글씨체도 엄청 많을 것이다.(이해 바란다.)

세번째, 맨 마지막에는 항상 소개를 요청하는 글로 마무리를 짓기를 원한다.

우리는 관계를 통해서 또는 새로운 소개를 통해서 가망고객을 발굴해야지 많이 롱런할수 있는 일이기에 필히 자신의 의지를 보여주는 것이 고객들에게 어필이 잘 될것이다 생각이 된다. (실제 그래서 소개를 많이 받기도 했다)

보면 항상 편지글에 금일봉 삼겹살 이야기가 많이 나올것이다.

삼겹살은 "국룰"이라 그리고 모든이들이 부담없이 편하게 먹을 수 있는 음식이라 생각하여, 부담없는 마음으로 마음을 전하고 싶어서 늘 그렇게 써 왔던 것 같다.

내가 고객들 한분 한분에게 감사의 편지를 쓰고 싶었던 이유는, 이 일을 오래하고 싶었고 그래서 고객들에게 암시적으로 "약속"하고픈 내 마음을 전달하고 싶어 시작했던 것이다.

처음 편지를 쓰고 1~2년은 편지를 모아둘 생각을 하지 못했다. 그런데 이렇게 편지를 쓰다보니 케이스 바이 케이스로 놔둬야겠다고(그래야 생각이 안떠오를때 내가 내 편지를 보고 컨닝할수 있었으니까 말이다.) 생각했고, 그 후로부터 나는 편지를 모으기 시작한 것이다. 그런데 이것이 참 도움이 많이 되었고 그래서 편지 내용들이 많이 비슷한 글들이 있을 것이다.

그리고 나는 고객이 계약을 추가할 때도 같은분에게 편지는 매번 써서 드렸다.

말하자면 이윤희 고객의 보험증권이 4개라 하면 내 편지도 4

개가 쓰여져서 고객증권화일에 담을 수 있도록 시스템을 만들어
갔다.

　어느날 고객이 나에게 손편지 너무 잘 받았다며 요즘같은 시대
에 손으로 쓴 편지 너무 귀하다며 너무 고마워 하셨다.
　그리고 꼭 간직하겠노라, 라고 말씀 해주셨는데 그런 이야기를
들으면 나는 오히려 더 감사해서 더 손편지를 거르지 않고 목숨같
이 지키며 쓴 것 같다.
　다소 손편지 내용이 비슷하더라도 그냥 흐름으로 읽어 주시길
바라며 더 좋은 손편지들을 써보기를 기원해본다.

CONTENTS

CONTENTS

20년 전 30대 초반의 이윤희 대표와 지점장과 설계사로 처음 만났습니다. 다짜고짜 열심히 따라할 테니 잘 할 수 있는 방법을 알려 달라는 당찬 모습이었습니다.

이 대표는 매주 2건의 계약을 달성하는 2W를 목표로 했고, 그 실천방안으로 누구를 만나든 소개받기와 계약 후 반드시 손편지를 쓰기로 했습니다. 이 대표는 소개를 받기 위해 화법을 개발했습니다.

"고객님, 제가 관리를 잘해 드리길 원하시죠? 그럼 이 근처에 계약자가 많을수록 자주 올 수 있거든요. 아이 학교 모임에서 가장 친한 분이 누구세요?"

이런 화법을 쓰는 것을 보고 깜짝 놀랐습니다. 이 대표는 2W를 넘어 3W에 도전하기 시작했습니다.

그러던 중 나는 다른 지점으로 발령을 났습니다. 그때 짐을 들고 엘리베이터 앞에서 처음이자 마지막 칭찬을 했던 기억이 납니다.

당신은 '내가 만난 설계사 중 최고였어요.' 지금도 이 마음에는 변함이 없습니다. 실적이나 소득의 최고가 아닌 고객을 위한 영업에서 최고라는 의미입니다.

지금까지도 이 대표는 손편지를 쓰고 있고 소개를 받고 있습니다. 그렇게 모아둔 편지를 책으로 출간한다고 했을 때, 나는 모든 영업인에게 최고의 선물이 될 수 있다고 확신했습니다.

글로벌금융판매 스마일본부 윤대의 대표

추천사

드디어 우리 영업관리자들이 기다려왔던 현장영업의 지침서가 나왔네요.

이번 출간을 진심으로 감사 드리며 축하 드립니다.

미모와 순발력넘치는 언변의 이윤희강사님을 한마디로 정의 하기는 어렵지만 굳이 한다면 "흙과 돌 그리고 바람" 이라고 정의 내리고 싶네요.

그 뿌리는 늘 한결 같이 그 자리를 지키고 있지만 항상 급변하는 영업현장의 변화에 반박자 빠르게 대응하고 변화무쌍한 자기 자신의 변신과 노력 그리고 끊임없는 자기개발을 해 나가는 훌륭한 분이라고 바꾸어 표현 해 봅니다.

15년 정도의 만남을 통해 지금까지 보여준 그의 삶은 의리와 FP JOB에 대한 존중 그 자체였습니다.

그동안 고객님들의 싸인을 통해 확보하신 수많은 고객수보다 더 수 많은 고객경험을 바탕으로 생생히 살아 숨 쉬고 있는 영업현장의 노하우과 수 많은 스킬들.

이윤희 강사님의 현장 강의시간에서는 직접 다 표현하거나 담지 못한 체험삶의 현장과 남다른 영업노하우들과 친필싸인이 가져다 주는 영업스킬과 그로 인한 소개활동을 우리들이 한권의 책으로 만나게 되니 FP JOB을 시작하기에 두려움과 불안함을 갖고 있는 후보자들과 그리고 이제 막 FP JOB을 시작한 초보FP들 그리고 현재 슬럼프나 활동입스를 겪고 있는 고참FP들 어느 한계층도 빠짐없이 모두에게 도움되는 필독서가 되리라 봅니다.

끝으로 지금처럼 건강하고 왕성한 현장활동을 당부 드리며 늘 행복하시길 응원하겠습니다.

교보생명 마산FP지원단장 조상호

※ 활동입스란?

→ 스포츠·심리학 용어 '입스(Yips)'

입스는 골프, 야구, 축구 등에서 선수가 평소 잘하던 동작을 갑자기 수행하지 못하게 되는 현상으로 강한 경기 압박감이 근육을 경직시켜 움직임을 제어하지 못하게 하는 심리신경학적 장애를 을 말합니다.

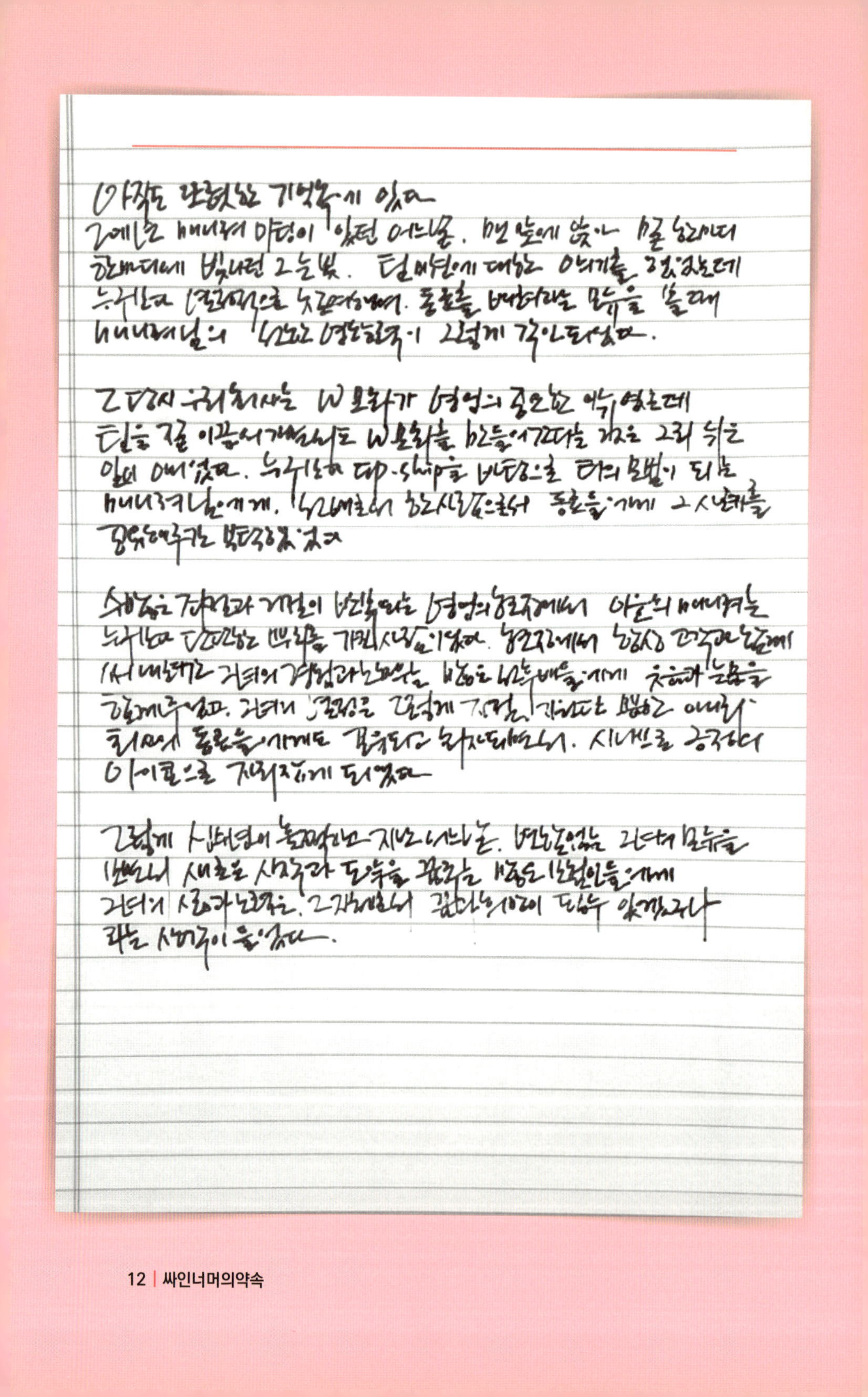

추천사

아직도 또렷한 기억속에 있다.

2011년 매니저 미팅이 있던 어느 날, 맨 앞에 앉아 말 한마디 한 마디에 빛나던 그 눈빛. 팀 미션에 대한 얘기를 했었는데 누구보다 열정적으로 참여하며, 동료를 배려하는 모습을 볼 때 팀장님의 선한 영향력이 그렇게 각인되었다.

그 당시 우리회사는 W문화가 영업의 중요한 이슈였는데, 팀을 잘 이끌어 가면서도 W문화를 만들어 간다는 것은 그리 쉬운 일이 아니었다. 누구보다 FP-Ship을 바탕으로 타의 모범이 되는 매니저님에게 선배로서, 한 사람으로서 동료들에게 그 사례를 공유해 주길 부탁했었다.

수 많은 좌절과 거절이 반복되는 영업의 현장에서 이윤희 매니저는 누구보다 단단한 뿌리를 가진 사람이었다. 현장에서 항상 고객과 함께 써 내려간 그녀의 경험과 노하우는 많은 선후배들에게 웃음과 눈물을 함께 주었고, 그녀의 열정은 그렇게 지점, 지원단뿐만 아니라 회사의 동료들에게도 공유되면서, 시나브로 긍정의 아이콘으로 자리잡게 되었다.

그렇게 십 수년이 훌쩍하고 지난 어느 날, 변함없는 그녀의 모습을 보면서 새로운 시작을 꿈꾸는 많은 보험인들에게 그녀의 삶과 노력은 그 자체로서 꿈과 희망이 될 수 있겠구나 라는 생각이 들었다.

열정. 도전. 성실. 알고리의 또 다른 이름이 아츠의 버버래님!

여성적느낌보다 여인. 대와 한 개인으로서 사회와 시대에
대한고 태도를 버리고 실태는 이젠 여에이로라고
노력하며 있때. 또다른 성장과 도전에 하겠는내일는
아츠의 버버래님에게 큰 박수를 보낸때

함께 알봐서 그 눈도 눈가에
잊어지 않을 아늘다요 오역호누 있게 하려기
짚. 감사해 가가래은 바음을 각가해서 …

과바마음 몽몽재컬컹 박 성영드림

열정, 노력, 성실, 일관됨의 또 다른 이름인 이윤희 매니저! 영업의 기술이 아닌, FP와 한 개인으로서 삶의 태도를 배우고 싶다면 이 책을 읽어보라고 추천하고 싶습니다. 또 다른 성장과 도전에 한 걸음 내딛는 이윤희 매니저님에게도 큰 박수를 보냅니다.

함께 일했던 그 순간 순간이 잊혀지지 않을 아름다운 추억일 수 있게 해주어 참, 감사하고 고맙다는 말씀을 전하며,

교보생명 등촌지점장 박성영

보험은 FP와 고객간의 신뢰가 중요하다고 생각합니다.

지난 1년 이상을 함께 일하며 이윤희 대표가 진심으로 고객을 대하는 모습을 지켜 볼 수 있었습니다.

얼마전에 식사를 함께 하는 자리에서 고객 한분한분에게 감사의 마음을 손편지로 남겨왔다는 이야기를 들었을 때 저는 이 책이 단순한 기록이 아니라 한 사람의 진심이 쌓여 만들어진 결과라고 느꼈습니다.

이 책에 담긴 편지들은 단순한 감사인사가 아니라 고객을 향한 진심과 정성을 보여주는 소중한 기록들이라고 생각됩니다.

이윤희 대표의 고객에 대한 따뜻한 마음이, 많은 영업인들에게는 의미있는 동기부여가 되고 더 많은 사람들에게 감동을 주기를 바랍니다.

이 뜻깊은 책의 출간을 진심으로 축하드립니다.

교보생명 현 선화 FP 지점장 차상호

30대 시절, 병원 임상병리사에서 보험회사의 FP로 일을 시작해 매니저와 소장으로 현장을 뛰며 치열하게 영업을 하던 때였습니다. 그때 다른 지원단에서 오신 이윤희 선배님의 CI보험 교육을 통해 처음 선배님을 만나게 되었습니다.

지금도 그날의 첫인상이 생생합니다. 또렷한 눈빛과 당당한 눈매, 그리고 교육이 시작되기도 전부터 느껴지던 에너지 넘치는 아우라가 제 시선을 사로잡았습니다. 병원에서 진단 업무를 했던 저에게는 'CI보험을 현장에서 어떻게 풀어낼까'하는 궁금증이 컸는데, 선배님의 강의는 생생한 스토리와 진심이 담긴 에너지로 교육장을 가득 채웠고, 저는 그 자리에서 깊은 인상을 받았습니다.

강의가 끝난 뒤 용기를 내어 인사를 드리고 명함을 주고받은 날부터 선배님과의 인연이 시작되었습니다. 선배님은 제가 늘 고민하고 궁금해했던 길을 이미 앞서 묵묵히 걸어오신 분이었습니다. 힘든 보험 영업 현장에서 선배님과 나누는 대화는 언제나 저에게 큰 힘과 에너지가 되었습니다. 교보생명에서 약 10년의 영업 생활을 마무리하던 순간에도, 선배님은 여전히 제가 가장 존경하는 선배님이셨습니다.

선배님은 지난 20년 동안 언제나 '정도의 영업'을 실천해 오셨습니다. 후배들을 진심으로 아끼고, 바쁜 와중에도 후배들의 질문이나 강의 요청에 늘 진심으로 답해 주시는 분입니다. 그 따뜻한 마음과 진정성은 지금의 많은 후배들 또한 모두 알고 있을 것이라 생각합니다.

그렇게 20년 동안 고객들에게 전해온 선배님의 진심 어린 편지가 한 권의 책으로 출간된다는 소식을 들었을 때, 마치 제 일처럼 기쁘고 가슴이 벅찼습니다. 이 책은 단순한 편지 모음이 아니라, 고객을 향한 진심과 한 사람의 보험인이 걸어온 시간의 기록이 담긴 소중한 이야기라고 생각합니다.

이렇게 축사를 쓸 수 있는 기회를 주신 것 또한 선배님께 깊이 감사드립니다.

선배님은 제가 만난 보험인 중 최고의 선배이자, 평생 존경하는 분입니다. 이 책이 많은 분들에게 따뜻한 울림과 의미 있는 메시지를 전해주기를 진심으로 응원합니다.

후배 최세진

누구나 그렇듯 50대인 제게 필요했던 건 노후에 대한 준비와 제 건강에 대한 대비였습니다.

그러던 중 우연한 기회에 이 대표님을 만나게 되었고 상담을 통하여 확신을 갖게되어 보험에 가입하게 되었습니다.

늘 그렇듯이 대부분의 보험 FP들께선 상품 판매 이후로 증권을 전달하고는 특별한 연락도 없었고 그저 단지 판매를 위한 영업이구나 싶었습니다.

하지만 이 대표님은 제가알았던 그분들과 달랐습니다. 증권을 직접 전달하시고 다시 제 가입 상품에 대해 설명해 주며 상품에 대한 확신을 갖게 해 주었습니다.

그리고 무엇보다도 정성스레 작성한 손편지를 보고 이분은 진실된 영업인이란 생각이 들었습니다.

저도 사업상 거래처와 영업을 하는 사람인지라, 영업에 진심을 담아내기가 쉽지 않다는 걸 알기에. 이 대표님의 응대는 말 그대로 감동이라고 할 수 있었습니다.

그리고 그 감동은 지금까지도 계속되고 있습니다.

명절 때마다 잊지 않고 명절 선물도 꼭 챙겨주시고 제 몸에 이상이 있거나 문제가 생겼을 때에도 마치 자기 가족 일처럼 먼저 나서서 보험사와 다투면서까지 제 보장을 최대한 챙겨주곤 합니다.

이 대표님을 통해 참 영업을 깨닫게 되었으며 또한 그를 믿고 제 미래에 대한 계획을 탄탄히 세워봅니다.

이 대표님의 진심은 충분히 사람의 마음을 움직일 수 있습니다. 이 대표님의 감동을 담은 도서가 널리 알려지기를 응원합니다.

고객 의류유통업 차○○

지금은 엘리트 강사로 바쁜 일정을 소화하고 계시는 이윤희 재무설계사님은 저와 아주 특별한 인연으로 만나, 어느덧 20여 년 동안 변함없는 마음으로 고객 케어를 최우선으로 생각하며 살아오신 분입니다. 강직하면서도 털털한 성격, 그리고 매력 넘치는 재치까지 겸비한 분이시지요.

설계사와 고객으로 처음 만나 이어진 인연은 시간이 흐르며 언니와 동생 같은 사이가 되었습니다. 언니는 재무설계사 강사로, 저는 대기업(KT) 차장으로 각자의 자리에서 서로의 삶을 응원하며 살아가고 있습니다. 저에게는 그 어떤 명품백도 부럽지 않을 만큼 든든한 '빽'이 되어 주시는 분이 바로 이분입니다. 이 특별한 인연은 20년 전으로 거슬러 올라갑니다. 당시 친동생이 이윤희 보험설계사님과 보험 상담을 하기로 했는데, 상담이 부담스러웠는지 저를 집으로 초대해 함께 있어 달라고 했습니다. 그날은 비가 부슬부슬 내리던 날이었고, 저는 조용히 앉아 컨설팅을 위해 혼자서 열심히 보험 설명을 하시는 모습을 듣고 있었습니다.

그 모습을 보며 저는 '아, 이분이라면 믿어도 되겠다'라는 생각이 자연스럽게 들었습니다. 첫 만남에서부터 수줍음 하나 없이 자신감이 넘쳤고, 때로는 도발적인 말로 분위기를 단번에 사로잡는 매력까지 가진, 그야말로 영업의 달인이었습니다. 능력과 자신감이 느껴지는 인상이었습니다.

그렇게 저는 계획에도 없던 보험을, 생각지도 못한 자리에서 안내받고 계약까지 일사천리로 진행하게 되었습니다. 어디서부터 인연이 시작된 것인지 모르겠지만, 첫 만남에서 부침개와 서울막걸리를 함께 나누며 금세 친해졌고 그 인연은 지금까지 이어지고 있습니다.

어디에 계시든, 어떤 부탁이든 열정적으로 정확하게, 그리고 빠른 실행력으로 최선을 다하시는 분이라는 것을 저는 오랜 시간 지켜보며 확신하게 되었습니다.

그동안 고객들에게 감동으로 전해졌던 손편지들이 세월의 흔적이 되어 책으로 출판된다는 소식을 들었습니다. 진심으로 축하드립니다. 그 편지들은 많은 사람들에게 소중한 보배가 될 것입니다.

언제나 건강하시고, 늘 행복하시길 바랍니다.

곁에서 항상 응원하겠습니다.

고객. KT차장, 임영순

I

보장 편지

임수현 사모님

너무 성격 좋은 우리 사모님을 만나서,

우리 고객님이 되어 주심에 깊은 감사를 드리며

향후에 서비스까지 이 자리에서 늘 노력하며

자리 매김 하겠습니다.

한 가족의 보장 자산을 만지는 일이 쉬운 일이

아니기에 ... 특약 하나 하나를 컨설팅 하면서

보장분석을 하면서. 시원대로 잘 해드리고 싶은

마음 하나였던 것 같습니다.

아무튼. 믿어주시고. 신뢰해 주셔서 감사해요.

사모님, 증권을 전달하면서 ...

여행 함께시라고. 항상 준비했어요. ～. 사장님과 함께.
　　　　　　　　　　　　　　　　　　　　　드세요 !

우리건 건강이 최고 입니다.

2014. 7月
이 순희 소장

To. 송 언니 언니께. ^^

언니. 저는 올해 보험과 함께한지 14년차가
되어가요~

언니와의 "인연„ 가슴속에 깊이 새기며.
그 마음만 제가 늘 곁에서 신경쓰이지 않도록
많이 신경써 드리겠습니다.

언니 가족들 보장들을 함께 고민하고. 컨설팅 해보면서
언니께서 저의 이야기에 경청해 주신 부분.
너무 감사드려요. 그런 언니의 마음 잘 헤아려
더 많이 챙기면서 함께 갈께요.

다시 한번 저를 믿어주시고 교보생명을 믿어
주셔서 감사드리고. 다시한번 계약 축하드려요..
늘 언니 가정에 가족모두 건강과 행복이
함께 하길 기도 드리며. 증권을 전달드리면서
제마음 담아 선물 넣어서 전달드려요.
그리고. 소개부탁해요(해요) 언니늘 믿어요. 깐을사랑언니뺀~

이승재 고객님

바쁘신 일상중에도 시간 내주시고, 정신없이, 그리고.
제 이야기 차람아 주셔서 이렇게 저의 인연이 되어주심에
다시한번 감사드려요.

보험이라는 공통의 화제를 놓고,
가족사랑과 미래에 대한 준비,
삶의 차원에서, 이런 저런 대화를 나누며

저또한 나눔의 생각의 크기를 느끼게 하면 시간들이었습니다.

늘 열심히 사시는 우리 이승재 고객님~
그 오는것을 이루기 외해서는 무엇보다도 건강이
우선되셔야 합니다.
　　　　늘 건강과 행복 가득하시길 …

Ps 증권을 전달하면서 작은 선물 준비해보았습니다. ^^
　필요하신 것 안으시겠지만 …
　저 마음이니 잘 쓰셔주세요.
　명절 잘 보내자요.
　시험도 꼭 붙길 기도 드릴께요.

　　　　　　　　　2015년 11月에 고보생명

"

보험이라는 공통의 화제를 놓고

가족 사랑과 미래에 대한 준비

삶의 자리에서 이런 저런 대화

"

お 영화고객님.

증천을 전달하면서.. 좋은 분을 또 저가
고객님으로 만날 수 있게 되어 너무
감사하고 행복합니다. 늘 건강하게 함께 가요.

상품권 (신세계)십만원은 신랑님과 맛있는 식사하시구여
상품권 (롯데)오만원은 집에 필요한 거 쓰시구~

현금 (돈) 오만원은 우리 윤서 용돈주시라구~
보내 보라요.

나름 "이벤트" 라고 준비해 보았는데, 저로 인해
잠시라도 웃으실 수 있었으면 좋겠습니다.

늘 고맙고 감사한 마음 잊지 않을게요.

가족들과 해피한 추석 보내세요

                                2015년 9월에

                                이 슈리 올림

To. 선영아,

미래를 준비하고. 체크하고. 점검 하는.

야무진 엄마 박선영 때문에

너의 자녀인 혜준, 혜승,, 은 정말

행복한 딸로. 행복한 삶을

살아 갈 듯 하다.

보험이란 것은 미래의 역경에서 타격하지

않도록 도와주는 제도인데.

그걸 정말 믿어,

그리고 연류기간 동안에 인당 상경상 1인당씩

사드시도록 너의 고양구.

강력 협의 살 공수해당다.

살찌는 우리한테 꼭 필요한 식품일듯.

그녀회 ~ 능력때께. (ㅋㅋ) 수앙되이랑아.

노앙인 ~ 사정해.

2016년 5月에

윤다애

To. 안종호 지점장님, 한수경 사모님께.

푸르름이 더해가는 5月이 며칠 남지 않았네요.

올해 1月로 제가 생명보험인으로 살아 온지
10년이 되어가네요. ~!

이 시간동안 이 자리에서 자리매김 하고 있었더니
이렇게 좋은 지점장님과 사모님을 알게되고 FP로써
또 책임감 있게 살아야 할 이유 하나를 또
만들어 가게 되는군요.

교보생명은 현재 AI 등으로 최고의 신용등급과 CEO
의 투명한 경영철학으로 믿고 맡기셔도 될 만큼

안정적인 자산관리를 하고 있는 회사이기에 적극
신뢰하셔도 될 듯 하구여. ~

저도 최선을 다하는 담당자가 되도록 힘쓰겠습니다.
다시한번 가입 축하 드립니다.

2016년 4月에
이윤희 부지점장 올림

P.S. 접한선물 준비해봤어요 가족들과 주말에
삼겹살 어떠실런지요? ^^. ~
이 카드로여!

"

교보생명은 현재 A1등급으로

최고의 신용등급과 CEO의 투명한 경영철학으로

믿고 맡기셔도 될 만큼

"

To. 미영형님.

늘 고맙고 감사해요.

제 곁에 있는 것만으로도

참 힘이 되요.

저도 관리자로써 더 열심히 하고,

또 동생으로써도 열심히 할께요.

믿어주시고. 신뢰해주셔서

제가 이자리에서 자리매김 할 수

있는 것 같아요.

형님 늦었지만 승진 보내요.

올 주말에 식구들다 맛있는

식사 한번 해요.

약속하지만 제 마음이니까 ~

사랑해요. 형님.

2016년 1月.
윤다

To. 유 재중 사장님.

귀하신 분을 좋은 분들을 통하여 만나게 된 인연을 주어라 감사 표현을 해야 될까요?

저는 생명보험사에 11년을 근무하면서 늘 고객님들의 재정안정을 위한 가치를 전달하며 보험 "희노애락"을 함께 했던 것 같습니다.

이제 저와 함께 평생 든든 하실수 있는 안전벨트를 준비하셨으니.

계속해서. 이 자리에서 함께 해드릴께요. 다시한번 저의 고객이 되어주션에 감사드리구여. 늘 행복하십시요.

P.S. 약소하지만. 우리 아이와 주말에 이 상품권으로 이마트라도 이휼하셔서 라면과 김밥 써 댕겨오실께요!

To. ♡하정씨~

이젠 제대로 보장 Plan 준비해 줘서

보험은 "추하정,,의 인생 희노애락,,을
대변해 줄 안전벨트,, 임을 잊지 마시고
어떠한 경우라도 극승처럼 지켜주길
바래. 나의 고객이 되기까지 참
먼길 돌아왔다. 고생했어 ^^ 그런
하정 씨를 위해 이소장 언니가 잘
챙겨줄께. 명절 잘 보내고~.
약소하지만 가입즉하 하며. 금일봉 보낼께
명절에 과일,, 이라도 사서 애껴 쓰며~.
늘 건강하오.
Ps 하정씨의 개인 재무설계사
이 연희 드림

TO. 영훈~

먼저 묻지도 따지지도 않고 가입해주어

너무 고맙고 감사합니다.

이 일을 통해서 정말 모든 사람이

미래의 역경에서 좌절하지 않도록

미리미리 준비해주는 제가 될 수 있도록

소개도 부탁드릴께요. (ㅅㅅ ㅋㅋ)

작은 준비의 시작이지만 보험은 인류가

개발한 최고의 상품이라고 해요.

최소의 기회비용을 통해 큰 보장을 받는다는

공식이 있구요 알라딘의 램프속에

나오는 '지니'의 역할을 반드시 해줄겁니다.

다시한번 제 고객이 되어주셔서 감사드리구

가입선물로 기프트카드 준비했어요.

조만간 아이들과 "삼겹살 파티" 한번

하세요. 늘 그대의 곁에 함께한

교보생명 아영희 소장 드림 2016년 1월에.

To. 과장님

푸르름이 더해가는 5月도 이제 얼마 남지 않았네요.
교보생명의 인연으로 또 이렇게 저의 고객이
되어주셔서 감사해요.
제가 올 1月로 보험외길 10년 되었는데요.
과장님의 계약의 시작으로 또 10년 버틸수
있도록 응원해주세요 ~ ♡

증권을 전달하면서. 가입선물로 함께 보내요
가족들과 주말에 맛있는 ``삼겹살,,
사드세요. 함께 먹었음 더 좋았을텐데. ^^ 해

그리고 과장님과 같은 분 꼭 크게
부탁드려요 부산이든, 제주도이든 달려갈
준비되어 있답니다. 늘 건강하셔요.

2016년 4月에
이 순희 올림

"

올 1月로 보험 외길 10년 되었는데요.

과장님의 계약의 시작으로

또 10년 버틸 수 있도록 응원해 주세요.

"

To. 언니,
늘 제 곁에 계셔주셔서 ^^
감사해요. ~.

살면서 언니같은 좋은 분을
만난게 너무 행복합니다.
우리 전거 보형 능히 보내요. 약소하지만
진짜와 식사 한번 하세요.
다른 선물보다는 뭐니뭐니해도
머니가 써 ~ 좋잖아요.
언니, 건강 늘 잘 채기시구여.
고흥 특산 김도 함께 보내요
맛있게 구워 드세요.

2016년 1月.

이윤미 드림

TO. 다희씨
~ ^^ ~

증권을 정리하면서, 다시한번. 다희씨 와의
첫 만남을 떠올려 보았어요. ~
어머니의 권유에 의했던. 다희씨의 의지에
의했던. "보험,,은 많을수록. 아니 많아도 절대
과하지가 않다,, 라고 말을 하죠.
그만큼. 중요한 일이고 준비해야 하는 것이기에.

다희씨,
다시한번 교보생명 과. 부족하지만. 아윤희 팀장을
다희씨의 보장 자산을 담당 할 수 있도록
택해주셔서 고맙구여. 저 또한 이자리에서
다희씨와 변함없이 늘 함께 할께요.

자주 소통하고. 자주 이야기 나눠요.

언제든 다희씨가 오늘 판단 할 수 있는.
나이고. 그렇게 해오셨으니.
보험에 대한 사항들도 이제 어머니가
연결 해 주신 저와 다희씨 둘이서
의논하고. 상의 하는 사이가 되어 보자구요. ^^

사실 저는 저의 고객들에게.
증권 전달할 때 그 고객에 맞추어. 선물이든, 뭐든
나눔 이벤트를 하는편인데。。。 저의 만족을 위해서겠죠~^^
이 이야긴 다희씨야.^^ 저와만 비밀 ~. 병원에서
어머니가 옛날 변형영업 하는 나이드신 분들만
보셔서 그런가. 1회보험료 말씀하셨쟎아요.~
그런데. 이건 변형영업 자체가 엄청히 전문적으로
바뀌면서. 옛날 구영업인 (대납) 이라는 것 하지 않아요.
FP는 고객을 위해 최고의 설계를 연구하구
도와주고 계약을 하게 하는 사람이쟎아요.
그래도 어머니 시절과. 다희씨랑 저의 시절이
다르니 어머님도 제가 충분히 이해되요.
하리만. 다희씨는 이제 제 고객이니.
저의 스타일로 관리하려해요. ^^.

고객은 보험료가 중요한 사람이 되면
안되요. 보험금이 중요한 사람이 되야되요.

~ 여기까지는. 수다였구여.

그래서.
다희씨 ~.'

돈을 전달하는 건 맞지 않구요.

노런 영업한거을 해서도 안되구 ^.

어머님의 생각도 반영 안할 수 없어서.

정말 정말 고민하여.

현승처럼 쓸 수 있는 "기프트 카드,, 준비했어요.

계몽 차을 T. 사 있어요. 직접 플라서 보내주고

싶은 제맘처럼 잘 전달 되었을 거라 ^^ 믿어요.

또 한가지. ✓ 정말 많이 추울때. 한번씩 쓰세요.

제가 사면서 다희씨꺼두 사서 함께 보내요.

다희씨 늘 건강하구요.

　　　　서로 사랑합시다

　　　　　　　　윤희언니가...

　　　　　　　　2016년 10月4日

　　　　　　　이 윤희 010강호20.

☆. 박수진, 김태연 고개 깊게
숙여을 진심하면서 . . .

이렇게 우리 원장님 가정에
또 하나의 가족 사랑 실천에 가장
중요한 가장의 생애보험설계을 하게 되어
다시금 감사드리고 축하드려요.

터터욱 필요한 시대가 된것은 이미.
당연한 일이 되어버린 이 시점에
같은 생각으로 행동해 주신 두 부부님께
제가 더 감사하단 말씀 전해드려요.

P.s 약소하지만. 사랑하는 식구들아. 이번주에
"삼겹살 파티" 금일봉 넣어드려요 (ㅋㅋ)
사랑합니다.

To. 박경애 고객님.

정현종 작가의 단편시집에서 "보험설계사"란 책에 적혀져 있는
글을 보면 이런 글귀가 눈에 들어와요.

'건강할 땐 원수 아플땐 생명의 은인'
보험이란. 그런것이죠~ 부담되는 보험료
하지만 아플때는 보험만큼 좋은 선물이 없지 않나 싶어요.
이 업계에서 13년동안 일을 해보니 더 실감 많이
하는 것 같아요. 그래도 저는 보험에 대한 준비~ 그것이
완벽은 아니더라도. 자신에 대한 안전벨트라 생각해요.
삶의 자리에서 나름 어려움은 있겠지만 잘 지켜나간다면
정신적인 건강으로 육체적인 아픔까지도 이겨나갈 수
있도록 해주리라 믿어 의심치 않습니다.
다시한번 가입 축하 드립니다.
저 또한 언니 가정을 위해 이 자리에서
자리매김하며 살뜰히 띄는 플래너가 되어드릴께요.

P.S. 증원 전달 드리면서 약소하지만
상품권 준비했어요.
겨울 장갑이라도 하나 사서 끼셔요. ^^
제 마음 입니다. 그리고 소개도 부탁드려요~
건강 또 건강하셔요

이 윤희 소망드림

To. 정순아.

너의 앗몽 잘탄을 도움줄
치아 보험에 가입한 것 축하해.
묻지도. 따지지도 않고. 친구 하나
믿고 가입해준 널 사랑해 (ㅋㅋ)
정순아 더욱 여능 옹 잘챙기고..

Ps, 중편을 전달하면서, 가입선물로
약소하지만 우울할 때 립스틱
바르라고. 상품권 하나 넣었다.
(ㅎ) 넣지도 않지만. 친구잖아~
립스틱 이쁘게 사서 발라~

2017년도 7月에
사은실서 너의 벗 윤희

To. 은주님~

보험,, 이란 공통의 화제를 갖고 많은 이야기를
나누면서... 서로 더 알아가는 시간이었던 것
같아요. 13년동안 저는 많은 고객들에게.
그때 그때마다 그 가정에 맞는 재무 설계를
해드리면서 제대로 가입하지 못해 손해보고
아쉽고 안타깝던 고객들 많이 보았어요~
우리 은주선생님 가정 또한 늘 부족한 저희지만
보험을 대하는 바른 태도로 이 자리에서
항상 같이 할께요. 어느 가수의 노랫말처럼.

→ 그대여, 아무걱정 말아요.
다는 건 몰라도 보험으로 인한 문제들은
제가 다 해결해 드릴께요...

P.s. 증권을 전달 하면서. 약소하지만 금일봉 넣어
보내요 주말에 식구들과 외식한번 하세요
이제 더욱 더 열심히 살아야 되잖아요~

알을 했던 것 같아요. ^^~

사랑하기 때문에 해야 될 일이 많지만.

1번께서 주신 귀한 시간들..

열심히 최선을 다해 살아 보와요

서로 더 많이 사랑하며 아끼며.

고웁게요 ~.

명절 잘 보내시구요.

P/s 주변에 좋은 분들 소개도 부탁 드려요.

2017년 9月에

김은주 선생님을 생각하며 이 슬희 사랑 으로.

右. 정수정 고객님

우더위에 어찌 지내고 계시는지요?

"고형,,이란 인연으로 좋은 분을 만난 것 같아서
너무 기뻐요, 기분이 좋았답니다. ^^~

고객도 좋은 플래너를 만나야 되고
플래너 역시도 좋은 고객을 만나야 되는것이
인지상정인 것을요. ~ ♡

어찌되었든 가입 축하드리구여, 돈과 보장이 걸려
　　　→ 있는 부분이자라.
결정하기 힘드셨을텐데, 깔끔하게 결정 해주시고
진행해주신 것 감사드려요.

제가 평생 이 자리에서 선아와 언니가족분들
에게 더 공부하며 보험과 금융 관련된 일에대해선
최선을 다할 것을 약속드리며 교보생명의
고객이 되어주셔서 축하~ 그리고 다시한번 더
축하드립니다.

오랜경험을 정리하요. 전달드리면서

약속하지만

저의 마음 전달 드립니다.

휴가계획 세우실 때 것들 맛있고

시원한 빠끼리고 준비해 보세요. (이상풍경조여~^^)

그리고 언니같이 ^^

주변에 좋은 분들 소개도 부탁드려요

우리들이기 건강 조성하자여.

가족 모두 평안 하세요

2018.22 개끼

이순희 짱올림

6. 시윤순 고객님께

정성을 전달드리면서...

언니와의 인연 가슴속이 깊이 새기며

그간 보험으로 인해 많이 신경쓰였던

부분들 부족하지만 제가 이제부터

더 많이 신경써 드리겠습니다.

언니 가족의 보장들을 함께 고민하고

장설팅 해보면서 머리 아픔도 있었지만

그래도 언니께서 저의 이야기에 경청해

주심이 너무 감사드렸어요. 그런 언니의

마음 잘 헤아려 더 많이 챙기면서

함께 갈게요 자시한번 계약 축하드리며

늘 행복, 건강하세요   2018.2. 4일

영선씨~

전에 종선반형 승권은 이제 버려도 되여.

그거구 이증현 하나만 갖고 계성 되여~

손빨래 할 때 쓰라고 "대야",

그리고 진수씨와 봉나들이 갈때

갈고 다니라고 방수돗자리 (고급굼)써

준비했어요.

항상 건강하구요.

국수는 채반이 있으니

거기에다 쓰면 좋을 것 같음.

며칠째 갑갑해서 힘들다.

하지만 파이팅~ 하는 영선씨 되상

　　　　　2018년　　5月에

　　　　　　　　　　언하누나ㅋㅋ

○은정아 둘째 딸 10억 써아이
만들어쁜거 축하하고 자랑스럽다.
훗날 알라딘의 램프속! 지니처럼
너에 자녀들에게 큰 도움이 되어줄꺼라
믿어의심치 않는다
힘든순간도 있겠지만. 그때마다. 중권이
아이들의 안전벨트이입을 잊지 않았음
좋겠우~. 더 잘될꺼라 믿어.

햄플거치대 가족들과 한개씩 쓰고.
생리대지갑,에건. 예원이 주고.
넌 책좀 많이 읽어~
아이들과 아이 나들이 갈때 쓰라고
방수 돗자리 하나 샀다. (완전고급짐)
너의 많이 해줘서 거덜난 엄마가~
2018년도 6月에

To. 정희야~

첫째딸 수빈이 성인반형 1억 준비해주는거
축하하고. 그건 엄마. 준비하는 엄마인 정희가
자랑스럽구나.
훗날 알라딘. 램프속 "지니" 처럼
너의 자녀들에게 큰 도움이 될꺼라 믿어
의심치 않는다.
힘든 순간도 있겠지만 그때마다 "충권,이
우리 아이들의 안전벨트임을 잊지 않았음
좋겠다.
다시한번 교보생명의 부족한 언니에게
고객이 되어줘서 고맙구
너의 가정안에 항상 필요한 재무플래너로
함께 할께. ~ ^^

PS. 충권을 전달 하면서.
    상품권 하나 준비했어.
    누양이 가족들다 터님한번 해
    소개도 부탁하고 고맙구 사랑한다
                    ~이팔년 10 / 게
                    유한 어니가

To. 김재우, 경민제 고객님

고형이라는 공동의 관제을 놓고 주변과
야기를 나누고 미래에 대항 준비를
하심에 있어 교보생명과 부족한 제에게
한발 다가와주시고 두발 신뢰해주신 듯하여
너무 감사드리구여! 더불어 가족사랑에 약응당과
실천해 주심에 축하드립니다.
이제 이 법 계약의 시작으로 저는 항상
주변과 주변의 가정안에서 있을 것이며
미래의 여경에서 희정하지 않도록
도움드리는 곳에 항상 이자리에 있을 것을
약속드립니다~ 다시한번 축하드립니다.

P.S. 증천을 전달드리면서 약호하지만.
    주말에 외식한번 하세요.
    그리고 소개도 꼭 부탁드릴게요.

                         2016년 10月에
                    아윰르백 리경상 올김

To 인영

너무 감사 드려요.

얼굴 뵙지도 못했는데 믿어주셔요. ^^

제가 잘 하겠습니다.

그리고 항상 이뻐해주셔서

더 감사드려요.

가입 축하드리구요.

교보생명과 아윤희 선생을 선택해

주셔서 감사드려요.

늘 건강하시구여

작지만 작은 선물 마음담아

보내드려요. ~

2018년 6月

이윤희 드림

To. 박 미성 대표님께

은행이라는 공통의 화제를 놓고 두분과
짧은 시간이었지만 이야기를 나누고 미래에 대한
준비를 하심에 있어 부족한 저에게 한번
다시와 주시고 신뢰해 주셔서 너무 감사드립니다.
더불어 가족사랑에 마음담아 실천에 주심에
감사드리고 축하드려요.
이제 이 보험 계약의 시작으로 저는
항상 대표님과 대표님의 가정안에서 있을 것이며
미래의 여정에서 거절하지 않도록
이 자리에서 있을 것을 약속 드립니다.

P.S.

증권을 전달 드리면서 약소하지만
주방에 가족들과 맛있고 "즐거운 식사"
행배 하시라고 제 마음 드려 전달드려요.
그리고 대표님과 같은 좋은 ㅆ 분들
소개도 꼭 부탁드릴게요. 늘 건강하세요. ~

To. 지점장님

늘 저를 믿어주시고, 신뢰해 주셔서
감사드려요.
지점장님 같은 ∧∧ 고객이 제 곁에 있어주셔서
제가 이렇게 성장 할 수 있는 것 같아요.
항시 감사드리며.
건강 또 건강 잘 챙겨서야 해요
그리고 점장님 소개도 ∧∧ (ㅋㅋ) 부탁
사랑합니다. 점장님 ∼.

2018년 1月에

To. 지화산 꿀잠 샀어요. 명절도 있고 하니
맛있게 드세요. 귀한 것이니까요.
가족들나 함께 …

이순영 부지점장 올림

To. ○○행장님.

이렇게 저의 고객이 되어주셔서 감사드려요.
저는 이 일을 13년동안 하면서
많은 분들의 재무관리를 함과 동시에 경단자금도
태워드리고. 연금P/에도 다 끝내드리고~.
"보험" 희노애락을 함께 해왔던 것 같아요
이제 재보험을 다시 하시면서 손해도 있고
이중도 있으시겠지만 제가 그 모든 것들
함께 회복시키는 노력으로 이 자리에서
제대로 관리해드릴께요 믿고 실리 해주신
만큼 최선 다하는 아름희소망이 될께요.
더욱이 건강조심하시구여.
약소하지만 가입 축하 선물 함께 보냅니다^^
너무 갑들 먹지 말고요. 소개도 부탁드려요.
　　　　　　　2018 1월 　아름희소망 오○

To. 여연이란 것이 참 귀하네요.
어머님과 "보험,,이란 공통의
화제를 놓고 이야기하며.
웃음짓고. 이렇게 증서을
전달하게 되어 기쁩니다.
먼저 가입축하드리구여~
교보생명과 아유회 소장을 선택해
주셔서 감사드려요
제가 늘 함께 해드릴게요
주변에 좋은분들 소개도 부탁드려요
감사합니다 ^^ 어머니~
二〇一八년 6月 아유회드림

☆영란

살면서 좋은 인연, 쉽지 않은데
혈육보다 더 끈끈함과 사랑으로
믿어주고. 응해줘서 이 일을 하는
이 순간까지 덕없이 고마운
고객 "영란,, 그래서 영업이 힘들때도
힘이 되는 "동반자,,가 아닌가 싶다.
날 추운데 일하느라 고생많지?
부모니까, 그리고 엄마니까~.
백세시대. 아래는 알수 없지만
지습처럼 의지하며. 서로에 삶이
박수한번 더 쳐 줄수 있는 너와 언니가
되자. 고맙구. 용돈넣어 보낸자~. ΛΛ
능청화일 오지랖 들해서 챙겨보낸자.
소개도 잊지말구~.

2010년 1月에
운희구 다구

To 김천일 고객님

귀하신 분을 좋은 분들을 통하여
만나게 된 인연을 무어라 감사드려야
할까요? ^^
저는 생명보험사에 ///션을 근무하면서
늘 고객님의 재정안정을 위한 가치를 전달하면서
보험 "희노애락」을 함께 했던 것 같습니다
이제 저와 함께 평생든든 하실수 있는
안전벨트를 일부 준비하셨으니 계속해서 저와
함께 가실 수 있도록 부족하나마 도움드리는
제가 되어볼게요. 감사드리구여~
늘 행복 하시자구요.

P.s. 증권 늦게 드려 죄송해요.
명절 다가오는데 한과 한박스 함께 보세요
약소하지만 맛있게 드세요 ~.
또 인사드릴게요.
2018년 1월기

★ To. 사랑하는 은정아. 그리고 내 고객님

미래를 준비하고 체크하고 점검하는 야무진 엄마로
한층 '레벨업' 되신 것 축하드려요.

몇주전에도 너의 사업장에서 함께 이야기 나누었지만
가난은 우리 세대에서 끝내고 가난을 우리 아들에게
'증여' 하지 않도록 하자.

보험이란 것이, ~건강할 땐 뺀수, 같고.
         아플때면 생명의 '은인' ~ 이라고
장한동작가의 단편시집에 읽었던 적이 있었어 ~
그말에 완전공정 하며 고개를 끄덕였지.
사람은 누구나 아프고. 아프자 죽지. 그것이
인생이기도 하지만 알아. 가끔은 보험료 때문에
어려움에 부딪힌 때도 있지만 나는 너의 가정에게
보험료보다 보험금을 크게 줄 수 있는 플래너가
되고 싶다. 너의 가정이 미래의 역경에서 좌절하지
않도록 알아 ~ 우리. 건강하게. 잘 살자.
고맙다 사랑한다.   2018년 1세기
         너의 재무설계사 이영희 양 올림

To. 양현구 고객님.

얼굴은 뵙지 못했지만 마음으로 느껴져요. ^^

목사님의 말을 통하여. 목사님께서 누구보다

적극 사랑과 건강에 더욱 더 애착을 갖게 했던

시간인만큼 저 또한 목사님 가정을 비롯해

친지. 그리고 형제 자매 등등. 최선을 다해

관리드릴게요. 그래도 건강하셨음 좋겠어요.

저는 생명보험사에 13년째 근무하면서 고객들께

미래의 역경에 좌절하지 않도록 재정안정을 위한

가치를 전달하려 아순간까지 달려왔는데요.

이제 양현구 고객님도 저와 함께 평생 든든

하실 수 있도록 부족한 저이지만 언제든 도움드리라

자리에 있겠습니다. (언제든 전화주세요. 010.4118.1501)

Ps. 증정을 전달드리면서. 함께 식사라도 하고픈 마음에

식사금일쿠폰 넣어 보내요~ ^^ 맛 있고 따뜻한

식사 꼭 하세요. 제 마음이니까요~

2018년 1월에

지 — 드림

16. 안승종 대표님~

장환용 작가의 단편시집에서 "보험설계사"란
책 일부 한줄을 포기해봅시다.

'건강할땐 원수, 아플땐 은인'

대표님과의 인연의 시작으로 이 시간까지.
대표님의 가정에 조금이라도 도움이 되는
플래너로 자리매김을 할 수 있도록 일어주셔서
감사해요. 사모님 증권을 정리하면서 아쉬운
부분도 많으나 그래도 또 다른 시작이라 생각해요
유난히 추운 이겨울에 가정모두 건강 잘
챙기시구여~.

P.S. 설계드린 보험은 잊던 보험을 사망에서 보장으로
UP시킨거라. 저에게는 회사가 비용을 지급하지 않지만
사랑하는 막내 자우. 겨울모자 하나 사주고픈
마음에 상품권 3만원 함께 넣어보내드려요
늘 고맙습니다. 제가 더...

2018년 1月에

To. 암시정 백영미 고객님

아프면 보험생각 늙으면 연금생각.. 이라는 말이

이 일을 14년동안 하면서 피부로 느끼게

하는 말이 있어요~.

백세시대를 넘어선지 이미오래.

이젠 무병장수가 아닌 유병장수시대에 살고

있는 우리에게 무엇보다도 우선시 해야될

것이 "건강 챙기기,, 인것 같습니다.

보험은 과해도 부족하단 말이 있을정도인데요.

늘게 시작해서. 퍼펙트한 보장성은 아닐쩌라도

(나이먹음에 …)

이 보험의 계약을 싯점으로 건강하게 잘

유지 될수 있도록 함께 가보시자구요. ^^

지 또한 이 자리에서 두분터 재정플레너로

최선을 다할 것을 약속 드립니다. 다시한번 계약

축하드리구여 ~. 약손하지만. 주말에 상겸실 1인밖에

이라도 식사 하세요 (히히)

P.s 꼭 소개하기 이윤희에게~ 입니다

2019년
신유미

"
아프면 보험 생각

늙으면 연금 생각
"

To 유현학 과장님. (혹시 부정님 턴건 아닌지 ㅋㅋ ^^)

늘 먼곳에서 응원해주시고.

믿어주시고. 이렇게 매년 가입을

해 주심에 감사드려요.

가정경제에 제가 "보험으로는 꼭

보탬이 되도록 건설팅 잘 하는

금융전문가로 함께 할게요.

환절기에 과장님 건강 잘 챙기사며

과장님과 같은 좋은분 소개도

부탁드릴게요 ^^

PS 아이 중학 진학 해쪄서.

약소하지만 상품권 넣기보내요.

늘 감사합니다 ^^

2019년 2월에
이윤희

To. 백영미 이사님 고객님께

시대가 변하고, 금융환경이 변하면,
변화를 빨리 받아들이고 고민하지 말고 start.
시작해야 한다는 것이 저의 생각입니다.
지금은 "금리"로는 답이 나오지 않는
시대이기 때문에. "내 돈"을 지키는 것만으로도
큰. 이익이라고들 금융전문가들은 말하고 있습니다,
이제 또 무언가를 시작할 이 시점에서
함께. 애쓰고. 함께. 의논하며 갈 수
있도록 더욱더 노력할께요~.
무엇을 시작한다는 것은 "희망"이 있다는
것이기에. 그 희망을 이어갈 수 있는
이 강제 저금이 윤활유가 되어. 희망을.
노래했으면 좋겠습니다. 서로에게
늘 고맙고. 감사한 사람이 되도록. 이자리에서
잊겠습니다.

P.S. 증권을 전달드리면서.

약속하지만 "두부" 님이. (ㅆ)

멋진 식사, 맛난 음식으로 힐링

되시라고 그래합으니. 즐겁게 받아주세요.

2019년 6月에

아름허 금빛 플레너

박기석, 정윤희 고객님께

우리 소은이 성인보험으로 바꿔 주고
준비해준것 많이 축하하고 감사드려여~

10년동안 늘 부족하지만 플레너의 뜻에
따라주고, 믿어주고 신뢰해줌에. 그저
감사할 뿐입니다. 항상. 기석씨 윤희씨
가정안에서 보험과 함께 희, 노, 애, 락
하며 함께 이 자리에서 같이 하겠습니다.

10년전이나, 10년후가 되도. 같은 마음으로
보험으로는 힘들지 않게 제가 곁에서
함께 할 것을 약속드릴께. ‥‥‥

유병장수 시대에 더욱 더 가정에 건강하라
즐거움이 끊이지 않기를 기도드리며
증권을 전달드리면서 주말에 가족들과
맛있는 식사 했으면 해요. ~ 고마움에
약소하지만 전달드려요. 그리고 소개도 꼭
부탁드릴께요. ^^

2019년 2月
I.유희 상담드림

To. 미영고객님

증권을 전달합니다.

지금은 작게 시작하지만.

여유가 될때. 보장자산, 그리구 연금자산

계속해서 증액 하며 준비해보도록

함께 가볼께요. ~ ㅅㅅ.

평균수명은 이미 백세를 넘어 선지

오래구여 질병수명은 40대 부터거늘데

제가 10년 넘게 보험을 해면서

고객들을 응대하다보니 진짜 그말은

진리더라구요. 중요한건 아프지만고

건강하게 사는 것일진데. 유병장수시대

이다보니. 함께 가야하늘게 보험이기도 하구요.

아무튼. 다시한번 준비하셨에 큭 하드리구여.

증선은 각각 복리해서 보냈어요. ~ (지니께 다리)

운여 사랑은 언제든 깨게 연각 주서구여.

강서압니다   2019오   2月 18일   이유리.

To. 박옥화 고객님

정찬용작가의 단편시집이서 "보험설계사" 란 책이
적혀져 있는 글을 보면 이런글귀가 눈에 들어와요.
'건강할 땐 원수
          아플땐 생명의 은인'

보험이란 그런것이죠 ~ 부담되는 보험료.
하지만 아플때는 보험 만큼 좋은 선물이 없지 않나
싶어요. 이 업계이서 13년동안 일을 해보니
더 신강많이 하는 것 같아요.
그래도 저는 보험에 대한 준비 그것이
선택은 아니더라도, 자신이 대한 안전벨트라
생각해요. 잘 지켜나간 자면... 정신적인 건강으로
육체적인 아픔까지도 이겨 나갈수 있는.
알라진의 램프속 "지니" 가 되어줄꺼라 믿어
의심치 않습니다. 다시한번 가입 축하드립니다.
지혜한 고객님 가정을 위해 함께 뛰겠습니다.

Ps 증권 전달 해드리면서 약소하지만
    선물 준비해서 보냅니다 (상품권 "향경련" 증정그려요)
    필요하신거 하나 사서요 ~ 제마음이 니까요. ~   이윤희 청원점

To. 언니.

우리 큰딸 "성인보험„으로 준비 시켜 주셔서 즉하더라구~
감사해요. 이 보험이 최소한 " 생노병사가 아닌

사병보생을 살아가는 이 시대의. 그리고 언니가정에게

절대로 헌팅이 없음을 그리고 미래의 역경에서

죄질하지 않도록 도와줄게라 믿어 의심치 않습니다.

다시한번 교보생명와 아윤희 공유 플래너에게 말겨주심을

감사드리며 언니 가정안에서 정성 든든하게 옆에

있는 아윤희가 되겠습니다.

From.   증권 전달드리면서   약오하지만.
         주발이 외식 한번 하세여 ~.
         또한 언니같이 좋은분 소개도 부탁드려요.
         제가 더 열성히 오래 할 수 있도록
         "소개„ 쓰 꼭 필요해요. 사랑합니다. 울 언니.
         다시한번 감사드리구여.

                              2019년 10月에

                         인천에서 윤희 올림.

To. 언니.

보험이란 공통의 화제를 놓고 참 오랫동안

이야기하고 달려왔네요.~ 앞서 말씀드린 것처럼

많이 참고생하셨어요. 그리고 성인보험으로

재훈이께 준비해주셔 축하드리고 감사해요

이제 이 보험이 최소한 "사병노생" 을 살아갈

우리가정에게 절대로 헛됨이 없음을.

그리고 미래의 역경에서 좌절하지 않도록

도와 줄거라 믿어 의섬치 않습니다.

다시한번 교보생명과 아율리 금융돌게 너이게

알게수성을 감사드리며 언니 가정 안에서

평생 든든하게 앞이 있는 제가 되겠습니다

From. 증권을 전달드리면서 약속하지만 주말에

가족들과 삼겹살 파티 하시라고 공일봉 (100.00)만원

넣어 보써며~. 꼭 맛있게 드시고 건강하세요

또한 언니같이 좋은분 소개도 부탁드려요.

제가 더 잘 열심히 오게할 수 있도록 "소개" 꼭

필요합니다. 사랑해요 언니. 감사드리며

2019년 7월

To. 이태자 어머님께

인연을 귀히 여기며. 계약 다시한번
축하드려요. 백세시대인 만큼
우병장수 시대가 아닌 "유병장수,, 시대가
되어서 보험이란걸 준비하지 않을 수 없
창 하죠은 들지만 이제부터 보험관경에
대한 정구나 서비스는 걱정하지 마세요.
제가 곁에서 늘 힘이 되어드릴께요.

Ps, 증권을 전달드리면서 아버님이랑
콩국수 시원하게 주말에 사드셔요
제발 안들어서 드시지 마시구여
아버님 늘 건강하세요   2019년 7월
아유힘과요

"

무병장수 시대가 아닌

유병장수 시대

"

右. 근우씨

"보험" 이라는 공통의 화제를 놓고.

근우씨의 ==인생 생·노·병·사'== 를

==책임질 수 있게 되어.== 마음이 또

무거워지겠지만. 이 자리에서. 근우씨 건강관련은

제게 맡기세요. 그리고. 인생의 목적지까지도.

함께 맡겨서. ==살아온 날보다 살아 갈==

→(땅이 될수 있도록)

==우수히 많은 시간에== 함께 이 자리에서

있어 드릴게요. 보험 가입 축하 다시

한번 드리고 싶어여! 늘 건강 챙기시고

늘 서로 의논해주는 그런 공용플레너와

고객이 되도록 노력해 보라구여~

P.S 약속하지만 근우씨. "행복" 하나 사주는 숍이서

사표 지····2에 걱정···· ··· From 드이면

To. 우경선배님~

이렇게 다시금 성인이 되어 만난
인연. 그리고 그 시작의 첫걸음에서
오빠의 보장 자산을 만지게 되어.
너무 기뻐요. 감사하네요.
당장 지금이 결실이 힘들지만
잘 이겨내시구여~ 보험으로는 처연한
힘들지 않도록 늘 제가 곁에서
있어 드릴께요. 중간진단 드리면서
다시 한번 점하드리구여. 주변분들
에게도 부탁드릴께요. 선배님 ^ 힘내세요

2019년 5月에
피 이유희 사랑으로

To. 강형석. 김미경. 대표님 언니께.

좋은 인연을 만난 연고로 대표님과 언니 가정에
"보험이란" 보장자산을 만질 수 있게 되어~ 뜻한
알려 주셔서 감사드려요. ^^

아직은 서로 잘은 알지 못하지만. 느낌은 이미
너무 좋아여! 강형석 대표님의 주변은 "화목구이때" (양)
이미 파악이 된듯해요. 잘 걸어오신 삶의 길이
보였습니다. 언니는 상담을 하기위해 장시간 이모겐
이런저런 이야기를 나누면서 솔직하고 명쾌한 성격에
제가 마음을 다 드렸던 거 같아요 (제가 족이야기 막 하고~^^)
종권을 정리하면서. 파노라마처럼 지나가네요.
열은 웃음 지어보며 글을 써내려가봅니다.

16년간 보험을 만지면서. 고객들과 보험 희·노·애·락을
함께 해왔던 거 같아요. 저는 제가 만나는 모든 분들이
미래의 역경에서 "보험"으로 만큼은 "좌절" 하지 않도록
도와드리고 싶어요 물론. 보험을 가입하고 그런일이 없어야
더할나위 없이 좋은 일이겠지안요~ 대표님 언니. 슝지씨
이젠. 이런 귀한 연으로 만났으니. 이 연이 끊이지

않도록 제가 두배로 신경쓰고, 안부 물으며
채움 그대로 마음 변함없이 함께 할께요.
다시한번. 가입축하 드리고, 시작해주시고, 믿어주셔서
감사드려요. 늘 가정안에서 건강하시고. 행복한
일들만 있기를 기도 드릴께요.

                    2020년   6月에.
        홍용 졸께니.   이○○○ 소영 올림

P.S.
증정을   전달드리면서. 주변이 좋은 분들
소개도 부탁 드려 볼께요. ~대표님과 언니스타일이면 ∞
그리고.
대표님. 언니. 약소하지만. 제 마음 담아서 주말에
         선물보낼께요~
가족모두 맛있는 "식사„ 한번 하세요.
교재나는 잠시 접어두시고.
입맛 땡기시는 것종 드세요   꼭 많이
더위서 "건강„ 염려되시던데요. 꼭 꼭 드셔야해요

사랑합니다. ~ 가족모두.

To。 이재만 고객님 ^^ ~
보험,,에 대한 공통의 화제를 놓고. 이런저런
이야기를 하면서. 오빠랑 나누었던 것들 잘
새겨 들께요 그리고 보험에 관련된 모든 것들은
제가 잘 책임져 볼께요. ^^ 부족하지만 맡겨주셔서
감사해요. 16년간 보험과 "희노애락,, 하면서
생각보다 많은 고객들에게. 도움을 줬던 것 같아요.
보험은 가입하고 그런일이 벌어지지 않은것이
더 좋은것일런데. 우리 인생이 그렇지가 않다보니
아무튼 믿어주신 만큼 제가 이자리에서 늘
같이 할께요. 증권을 전달드리면서~
가입 선물로 약소하지만. 봄T 하나 사 드리고
싶었는데 맘에 드는걸 골라야 되서.
맘이 드리고 현금 금일봉으로 (십만원)
넣어보내요 꼭 사서 입어요! 그리고.
저축 꼭 합시다 ^^. 그리고 ㅡ개도 부탁
드래요 늘 건강 챙기구여. 2020년 2월
금융비즈에서 은영

To. 언니.
지구를 10바퀴 돌아서 이제 만난 것 같은
귀한 인연. "보험,, 복잡하고 어려운.
미래의 역경에서 좌절하지 않도록. 부족하게
제가 함께 지켜드릴께요
밀어주신만큼 열심히 언니 가정을
위해. 손과 아름다운 발이 되어볼께요.
다시한번. 가입 축하드리며. 저의 고객이
되어주신 것 감사드려요. 제가 이자리에서
늘 변함없는 마음으로 자리매김 할께요.
P.S 증권정리해서 보내요 ^^. 그리고 감사한
마음으로 약소하지만. 선물 넘어 보냈어요 ^^. ~
주변에 좋은분 소개도 부탁드려주여.
사랑합니다. 언니.
2012
고객지킴이 이으히 드림

To. 준성오빠~

보험이 필요없지 않지만 쌤 오빠 기준에서
보험이 필요없음에도 불구하고.
자의반, 타의반~에 의해. 한없이
마음 열어주시고. 믿어주시고. 힘되어주셔서
감사해요. 더더욱 이 어려운 코로나19에
정말 힘이 되었어요. 저 역시.
그런 오빠 가정위해. 최선 다해
신경 쓸께요. 이 상품은 업계에서
정말 사랑 받는 상품이나. 해약만하지
않고 없다 생각하고 유지만 잘 하신다면
은행 상품 보다는. 장기이 갔을 때는
"불리,, 수익으로는 정말 좋을꺼라 믿어
의심치 않습니다. 다시한번 감사드려요~
2020년 9月에 이윤희 올림

10. 오 영민 . 차장님

저의 고객이 되어주셔서 매우 감사드리고
다시 한번 축하드립니다.

좋은 인연을 만난 걸로 이제부터

오영민 차장님 가정에 " 보험이란 보장자산을
만질 수 있게 되어 더욱 더 기뻐구여.
이제부터 시작 ∼ 재성장 지금기. 고세승래에
보험으로는 늘 힘들지 않도록 함께 의논하며
함께가요. 다시한번 결혼 축하드리구여♪

늘 가정안에서 행복 건강하시길 바라며
오 영민 차장님와 같은 분 소개도 부탁드립니다.

2021년 1月에
종합풀래너 이윤희 올림

P.S. 커플머그컵. 하나 샀어요∼ 이컵에.
두분이 맛있는 커피드세요.∼

To. 하종도 고객님

저의 고객이 되어주셔서 매우 감사드리구여
자시한번 축하드립니다. ♪♬♬

좋은 인연을 잘 이어나갈 수 있도록 제가
이자리에서 늘 공부하며 가장 힘들고 어려울때,
특히 "보험"으로는 힘들지 않도록 제일 먼저 서실수
있는 담당자가 되겠습니다.
늘 건강하시구여. 가정안에서 행복 건강하시길
바라며. 하종도 차장님 주변분들 소개~도 (^^;)
부탁드려보며. 감사한 마음 담아~ 증권을 전달
드리면서 고소한 선물 준비해보았습니다!

코로나로 인해. 직접 방문 드리지 못해 다시한번 송구한
마음 전하면서. 4단계가 풀리면 찾아뵙고.
인사드릴 것을 약속드려봅니다.

P.S. 베드인던 사랑을 조금 전달 드리고저. 진짜
      열심히 준비해 보았는데 맘에 "쏙" 드시길
      원해보며. 받으시고 톡한번 넣어 주실꺼져?
      참 잘 "초이스하셨습니다. 소리 듣고 싶습니다. ㅋㅋ
          2021 RA에 ㅇㅇ 이ㅇ 유희 대표 올림~.

To. 영미 형님, 도현아~

제 고객이 되어 주시고 저보다 더 큰 고생생의
고객이 되어 주셔서 매우 감사드리오, 다시한번
축하드립니다.   형님 가정에 "보험,,이란 보장자산을
만길 수 있게 되어 더욱더 기쁩니다.
이제부터 시작   계약하신 이 상품이   최적의 선택이었음을
말씀드리면서, 늘 가정만이서   행복, 건강하시길   바래보며
하지는 다할마다 "빵빵,, 터질 수 있도록 늘 함께
함 하겠습니다.

                    2021년   7月에
                        이슈희올림

P.s 증장을   전달드리면서
      상품권 10만원 넣었어요. ~ 로데마트에서
      맛있는 상겹살 사셔서 아이들과 식사 ~ ^^
      감사한 마음으로 전해드려요
      믿어주신 만큼 이 자리에서 최선다할께요 ~

To. 손 성필 대표님.

저의 고객이 되어주셔서 매우 감사드리우며
다시 한번 축하드립시다. ♪♪♪♪

좋은 인연을 잘 이어나갈수 있도록 제가
이자리에서 늘 공부하며, 가장 힘들고 어려울때
특히 "보험"으로는 힘들지 않도록 제일 먼서
나설수 있는 담당자가 되겠습니다.
늘 건강하시우며 가정안에서나 사업장에서나
행복하시길 바라며 감사한 마음으로 마음당이
증권을 전달 드리면서 이사님과 함께
큰일하셔야 하니 "면역을 위한 건강식품과
"회식비" (10만원) 보내여 맛난 점심 그리고
지피 드세요 ~.

P.S. 잘 되실거구~ 절 지아 죄며~ 9月도
파이팅합시다 ^^

~2니녀 9月 1일이

To. 고안숙 대표님 ~

좋은 인연을 만난 연고로 언니(께) 가정에
보험이란 보장 자산을 안길 수 있게 되어
또한 맡겨 주셔서 감사드려요. ㅆ
아직은 서로 잘은 알지 못하지만 느낌은 이미
너무 좋으네요!
16년간 보험을 안지면서 고객들과 "보험 희 · 노 · 애 · 락"
을 함께 해왔던 것 같아요. 저는 제가 만나는 모든
분들이 미래의 역경에서 "보험"으로 안정은 "좌절"
하지 않도록 도와드리고 싶어요. 물론 보험을
가입하고 그런일이 없어야 더한 나위 없이 좋은일이겠죠
대표님! 이런 귀한 연으로 만났으니 이 인연이 끊어지
않도록 다시한번 가입축하 드리고, 시작해 주셔서
그리고 믿어주셔서 감사드려요. 늘 가정안에서
건강 하시고 행복한 일만 있기를 기도 드릴게요.

              2020년 8月에
          굿엔드비너 이 영희 팀장 올림

10 김진호 대표님.

"보험이라는 인연으로 이렇게 교보생명과.

저와의 연을 맺어주심에 감사하고

이렇게 보장에 대해서 조금이라도

준비해 주심이 축하드립니다.

이제 대표님의 가정안에서 보험으로써

역할을 다했을 때 그 누구보다 더 앞장서서

챙기고 관리 할 수 있는 최고의 "금융파트너,,가

되어 드리겠습니다.

다시한번 축하드리며. 소개도 꼭 부탁드릴께요

제가 이 일을 오래 할수 있는 유일한 통로이거든여

돌아오는 명절 가족들과 잘 보내시구여

"새해 부자되세요,, ^^ 올해 최고롱은 인사드릴께요!

　　　　　　2022년 1월에 이 순희 금융파트너 운영

To. 완향언니.

보험이라는 공통의 화제을 놓고. 이런 쩌런
이야기을 오랜시간 나누면서. 많은 고민이
있으셨겠지만. 이렇게. 응해주시고 실천해주셔서
너무 감사드리고 축하드립니다!

"보장없이 가족을 사랑"한다고 말하는 것 의미는
아무것도 해 줄수 없다면 그거야말로 더 마음
아픈 일이 아닐 수 없을거라 생각됩니다.

이렇게라도 준비을 해 주셔서 제가 더
감사드립니다. 이제부터. 보험으로는 언니 가정이
힘들지 않도록 제가 이 자리에서 열심히 뛰어드고
함께 하겠습니다.
새해에는 우리 "부자,,되요 ^^ 올해 최고의
인사 전해드리며.

　　　　　2022년 2 세게 언니의 평생동생
　　　　　　　　　　　이윤희 올림

To. 윤경혜 과장님.

증권 정리해서 보내드려요!
자의이 의했던. 타의에 의했던
이렇게 인연이 되게 됨을 감사하게
생각하며.
소소하지만 T랑, 간식 챙겨서 보냈어요 ^^
항상 문제가 있든. 없든. 제 핸드폰.
열려 있으니. 늘 전화주세요.

그리고 모든 '보험,, 관련 업무하고 있으니.
문의주세요

그리고. 요즘 '중대재해처벌법,, 단체보험
관련 내용 보내드려요 대표님 보시면
도움 될듯 해서요. 항상 건강하시요 자주
연락하며 지내요 과장님~ (보장분석도 해드리니까요~)

2022년 4월이 아윤이 드림

To. 김 성진 대표님.

안녕하세요~

대구동 창 "화재보험„ 받아서 하게 된

용용플레너 대표 이윤희 소장합니다.

하시는 사업 늘 번창하시오

언제든 보험관련 문의 사항

전화주세요. 이렇게 지면으로 인사드리게

됨을 송구하옵게 생각하며 술을 한번

꼭 뵙겠습니다. ^^. 감사합니다.

2022년 4월.

이 윤희 대표 올림 010 4118 15이

左. 지연씨에게.

소중한 인연으로 이렇게 만나뵙게 되어
너무 반갑습니다.

19년 동안 "보험" 희노애락을 고객들과

함께 하면서 나름대로 열심히

살아 온듯 합니다.

개업을 축하드리면서.

지연씨의 사업장에 일부과도

재정관리를 맡게 되어 깊이

기쁩니다. 이제 저와의 연이

시작되었으니. 지금부터 50년

지연씨의 라이프사이클 안에서 좋을 길잡이의

부분을 만질수 있는 이윤희 소장이

되도록 하겠습니다. 감사합니다

2022년 10月에 이윤희 소장.

To. 윤향언니.

설여덟년 하동안 구수히 많은 고객들에게

진단자금. 성음수령, 공욕자승의 사망(부요)으로 인한

수혜를 전달드리고. 배우자들의 사망으로 인해

종신보함의 사망보험금을 전달해 드린 세월들을 ‥‥

보험,, 희노애락을 같이 해왔던 것 같아요!

이 일을 하면서 저는. 단 얼마의 금액적인 ‘그의승,, 이아니라

종신보함을 통한 배우자의 최소 혀금 1억 이상을

전달해 드리는 플레너가 되겠다고 고객이 계약을

하든. 안하든. 늘 그마음으로 이 일을 해왔던 것 같아요.

째게 윤향언니 가족도 그런 제획안에 있었는데.

가신분의 (형부) 항양한 마음. 어찌 표현해도 오리라기만

하네요. 다시한번 삼가 명복을 빕니다. 그래도

우사히 상계,,를 마치셨다는 소리를 전해듣고. 이제사.

저도 끝을 하네요.

한번 왔다 한번 가는 인생이라지만 나이가 너무 아까워서

더 마음이 아픈것 같아요. 이제 언니가 언니가정 안에서

진짜 가장,, 이시니. 건강 잘 지키시고. 보장도 잘 지키시는

언니가 되셨음 해요∼ 늘 건강챙기세요

　　　　　2023.02 나이 동생 앞리 올리

To. 영호선배님~

이렇게 제 고객이 되어주셨습니다.

다시한번 선배님의 보장자산을 만질수 있게 되어 매우

기쁩니다. 보험이란 금융을 접한지 올해로 18년이

되어가는데요. "보험"을 이렇게 정의해 봅니다.

보기보다 험한 세상에 꼭 필요한 것이라고요.

건강 늘 잘 챙기시구여. 선후배 사이의 인연 이후로

계약자와 고객의 만남으로 제가 이 자리에서

최선 다해 보겠습니다.

선배님의 보장자산은 이제 일부는 준비하셨으니.

하반기에는 목적자금(종잣돈) 만들기도 꼭 해드리고 싶습니다.

생각보다 건강과 노후는 빠르게 찾아오드라구요.

"시작이 반이다" 라고 하잖아요.

말복이 지났지만 이번주에 마트에 가셔서 삼겹살이라도

사서 드세요 이제 시작하는 Plan들이 잘 유지 될 수

있도록 건강하셔야 되니까요 ~

다시한번 축하드려요.

                          2023년 8月에

                    금융관리사 이영희 올림

To. 조정미, 정기열 고객님

저의 고객이 되어주시고 저보다 더 큰 교보생명의
고객이 되어주심에 감사드립니다.
좋은 인연을 만난 연고로 이제부터 조정미. 정기열
고객님의 가정이나, 직장안에서도.
"보험이란,, 보장자산을 만져드림으로써
미래의 역경에서 좌절하지 않도록 늘
이자리에서 최선을 다해보겠습니다.
이제 부터 시작.~
보험으로는 늘 힘들지 않도록 함께
의논해서 함께 가요.
늘 행복. 건강 하시길 바라며

조정미. 정기열 고객님 같은 분 ^^
소개또한 부탁드립니다.

              2023년 2월기
        이현미 드림

To. 상섭

나의 오랜 벗.

이제 은퇴 ~ 시작. ㅅㅅ.

잘해봐요. 잘해낼 꺼야.

너니까. 상섭이니까.

얼굴은 5月에 보고

일단 응원먼저 보낼께.

주말엔 아이들하고 삼겹살 굽

자서 드세. ~ (상품권 넣어 놨어!)

늘 그랬고

나도 너에게. 너의 가정안에서

제일 고마운 사람이 될께.~

2023년 4月.

중흥영당 이순형 대표.

To 사랑하는 집사님

이렇게 또 인연을 맺습니다.

먼저 부족한 저에게 저를 믿고 맡아주시고

경청해주셔서 감사해요

제가 사시는 동안 보험으로는 덜 힘들도록

웃으며 느긋히 가겠습니다.

보험은 우리에게 삶의 바닥에서 다시

일어 날 수 있는 힘을 준다고 하잖아요.

무엇보다 건강하셨음 좋겠구여

이제는 마음 편안하게 건강챙기면서 함께

격려하고 위로하며 동행해 봐요.

주말에 배우자분과 상계동이라도 사서

끓여 드세요. 약소하지만. 답값 넣었구요.

마음을 담아 ∿

2023년 10월에.

이 은희 드림 드림

To. 이성철, 선정아 고객님

"보험,,

(보)기보다 (험)한 세상에서 꼭

필요한 것이 "보험,,이라 말씀드리고

싶습니다. 오래사는 현대사회에서

가장으로써 의무를 다해주셔 감사드리고

그 책임을 다하시기 위해 "종신보험,,이라는

것을 준비해주셔서 다시한번 감사드리고

축하드립니다.

항상 그리하셨듯이 가정안에서 늘

행복과 사랑이 넘치시길 기도드립니다.

주밭의 가족들과 "삼겹살 파티,,라도

하셔지요. ^^ 소개도 부탁드리구요 (특히 상욱애빠)

                    2024년 3월에

                    이 은 의 울림

10. 언니.
우더위가 기승을 필때 정부패원에
더 마음 뜨거우셨는데 …
이렇게 언제 그랬나? 하듯 시원한 계절이
원덕으로 한단계 달려왔네요.

곡절은 있었지만 그래도 이렇게
가장으로써의 책임증배을 준비할 수

있어서 다행이고 축하도 드려요.

P.s. 명절샌물과. 계약축하 선물 언니 화장품
파우치에 넣어놨어요 명절에
조기굴비,,,라도 사서 행피한 조씨보내세요
저는 늘 언니가정안에 최고 플래너로 있을께요

To. 우리 두 딸들이 성인보험을 가입할 나이들이
되었다는 건 우리가 늙어가든 익어가든
세월이 엄청 빠르게 가고 있다는 사실에
놀랍기도 하고 허무하기도 하고 그렇네

그러니 아프지 말고 건강 잘 챙겨~

P.S. 종권보내께서 축쳐다가보니 십오기라도
한근 사라요~ 힘쳥보내. (넣어되) ㅆ.
늘 그랬듯이 믿고 따라와줘서 고맙고
이 자리에서 항상 있을께. 주변분들
소개도 부탁하요~.. (ㅋㅋ)

화장품가방 쓰라요, 넣어보낸다. 똥싸지 말고~
예쁜 추석 보내구.   친구 순덕~

To. 저금리, 저성장, 고세금,, 을

피해 갈수 있는 유일한 상품,,

그리고 안전 장치 ~ 보험,,

강남 부자들은 종신 보험,, 으로 부자가

된다고들 하는데요. 그 중심에 우리

언니언니가 있어 줘서 참 감사해요.

며칠전에 내가 재촉하느라,, 힘들어 ~

라고 하신 말씀이 어찌나 귀여우시던지.

그 힘든 시간 "10년,, 후 어니 얼굴에

웃음꽃 100 배로 피어 드릴께요 ~. ^^.

P.S 선물. 휴가 가실때 시원한 "네일,, 한번

하고 가세요. 계약선물로 보내요 (심방업).

얘기만 네일 하세요 (ㅋㅋㅋ)

선물은 받는것보다 주는것이 더 행복함을   평생 설계하고픈

                                          은희동생 드림 ~.

方 두번째 편지

큰언니 소개시켜주셔서 감사해요.

감사한 마음에

도트 블라우스는 제가 사드리는걸로
  ^ (e만5천원)
할께요. ^^

보험 계약이야 필요하니까 해야

되는 것이기도 하지만. 소개는,

계약보다 더 힘들고 고마운 일이기에

그 마음 담아. 제 마음 전해요. 언니

→ 언마음이 사랑 옮기 너무 좋더라구요.
  언니 명품 안되지만 언니 다 드세요
  언니가 건강해야 집안이 다 건강해
  지는거 같아요 ~. 사랑합니다 언니.

To. 성옥언니

제 고객이 되어 주시고 저보다 더 큰 교보생명의
고객이 되어 주셔서 매우 감사드리고 다시한번
축하드립니다.

언니 가정이 "보험이란 보장자산을 안질수 있게
되어 더욱 더 기쁩니다

계약하신 이 시점을 계기로 저는 전에
말씀드린바와 같이 이 자리에서 보험으로는
힘드시지않게 자리고수하며 회사에서 잘
붙어 있을 께요.

사업이야 늘 자신있으신 부분이 있으니.
건강만 하심 됩니다.

2024년 1월 30일.

PS. 증권 전달드리면서.
강사함의 표시로 상품권 (5만원) 넣었어요.
언니 사무실이 커피사서 나눠셩 덕것 같아요 ^^
감사한 마음. 받어주신 만큼.
지도 최선 다할께요. 영점선물 "기능,, 도
함께 보내요. ~ 정이 잘아요. 정 정. (히히)

To. 김경호 고객님

보험에 대한 공통의 화제를 놓고 이런저런 이야기를
하면서, 대표님과 나누었던 것들 잘 새겨 둘께요.
그간 보험으로 상처 받은 것들에 대해 제가 자시
관심하여 잘 책임져 볼께요. ^^ 부족하지만 알겨주셔서
감사해요. 19년간 보험과 "희노애락"을 보내면서
생각보다 많은 고객들에게 도움을 드렸던 것 같아요.
보험이란 것을 가입하고 질병이구 재해, 장해, 사망, 등등의
청구를 해드리고 보장에 대한 부분을 잘 서비스한 저이기에
믿어주시면 제가 이자리에서 늘 같이 책임지며 있을께요.
가입선물요 당비한보누 (ㅋㅋ) 방해워이 이지만
제 지론은 좋아하는 것 맘껏하고 살자. (언젠뺀인 인생이니까요)
준비는 해놓고, 재밌게 살자입니다.
제가 잘 할께요. 믿어주세요. 다시한번 제 고객이
되어주심이 감사하고 저보다 더 큰 고객성님을 믿어주셔서
감사합니다. 소개도 부탁드리구요. ^^

2024년 3월에
대표님의 보장자산 관계사 이 윤희 드림

To. 주경옥 대표님.

사업을 한다는 것은, 변화하는 경영환경에서
수 많은 풍파를 겪으며 수 많은 나날을
고민과 번뇌로 아픔을 지새우는 험난한 길을
간다는 것이라 합니다

수하영덕류 '물이 달빛을 비추며 흐른다'라는 말처럼
어떤 상황에서도 평정심을 잃지 않는 사장님
잠깐 흔들일지라도 중심을 잡을 수 있는 사장님
곁에서 보험으로든 마음으로든, 성심성의껏, 부족하지만 제가
도와드리고 함께 하겠습니다!

숱한 인연들 사이에서 어느늘 만나오. 언니가 제 그림이
되어주심에 감사드리며, 건강 또 건강지키세요.
늘 걱정이 되더라구여. (연약하시잖아여 ^^~)

'걸으톰이 반 돌아서면 네가 그토록 찾아 헤매던
행복이 기다리고 있어. 그러니 여기서 멈출수는 없잖아
더 힘을 내!'

이 편지는 받으실때쯤 제법 더 추운날들이 으리는
기다리겠오져! 그러니 마음이라도 따뜻하시기 온화 적지 않으시고
행복 하소서 ~

2024년 1월 옥에게 지은하영드림

To. 신현유 고객님께.

진아를 통해 알게 된 큰오빠와의 인연을
너무 감사하게 생각하고 있습니다.
유치원 부원장을 퇴사하고 생명보험 플래너로
일을 19년째 하면서. 질병, 상해. 사망. 수술. 장해등을
만지면서 많은 고객들과 보험 "희노애락,, 을
함께 해왔던 것 같습니다. 세상이 바뀌어서.
백세시대를 이미 넘어선 우리나라에서.
은퇴걱정와. 건강하게 오래사는 방법을 준비하지
않을 수 없는 현실에 부닥히게 되는 것 같습니다
열심히 살려오신 큰오빠의 인생에서 이제
반을 사셨다면. 이제 남은 인생 반이상은
무병장수 하시면서 행복하게 사실수 있도록
최소한의 비용을 통래서 보험이란 안전벨트을
매심에 다시한번 축하드립니다. 항상 감사
드리고 저 또한 이자리에서 큰오빠와 대양이을
보험으로는. 힘들지 않도록 함께 하겠습니다

증정을 전달드리면서. … 2Page

주말에 태양군라 함께 삼겹살 파티라도

하시라고. 금일봉 (^^) 넣어 보냅니다.

약소하지만 드시고 힘내서 보험용 넣임 (ㅋㅋ)

잘 이행하여 혜택받으실 수 있도록

열심히 살아주십시오 ~ !

항상 귀댁에 평안함과 건강함이 함께 하시길

기도드리겠습니다.

궁금하신 사항은 언제든 전화주세요.

감사합니다.

2024년 3월에
신현운고객님의 보장 자산관리 이순희 올림

신현문 고객님께서 증권 편지를 읽으시고 전화 한통을 하셨던 기억이 납니다. 평생 살면서 손편지 한번을 받지 못했는데 보험을 가입하고 플레너님께 이런 감동 편지를 받아본다면서

> **"**
>
> **내가 이 다음에 관 속에 들어가더라도**
>
> 이 편지를 안고 가겠다
>
> **"**

며 그저 마음을 전달드리고 싶어서 손편지를 정성스레 써드린건데 관 속…까지. (너무 감사한 마음. 오히려 제가 감동 받았던 그날이었습니다.)

To. 김정규 고객님

사현아의 증차을 전달하면서... 23년 12月의 겨울은
유난히 더 차갑게 느껴지는 해였지만. 어찌하겠습니까?
다시 일어나야 됨이 맞으니까요.

카장이라는, 아버지라는. 그리고 배우자란 이름으로 산
세월. 이젠 세가지 이름이 아선 두가지 이름으로
다시 힘내서 살아가 보자구요.

제가 좋아하는 책 속에 한 Page가 있습니다.
' 대추가 저절로 붉어질리는 없다 . 저 안에
   태풍 몇개, 천둥 몇개, 벼락 몇개 ' 라는   시인의
   노랫말처럼 .. 이또한 지나간다 ,, 는 뜻이겠져.
오늘 일은 안성 될때까지 천둥와 번개을 거친다는.
다시한번 두아이와. 정규님인생을 위해서   멋진
인생 2막장 만들어 보시자구요.
그리고 제가 그 인생 2막장 한켠에서 "보험 , 으로는
힘들지 아나하도록 이겨내에서 늘 함께 할께요.
다시한번 사현이의 보장자산을   준비해 주심에
감사드려요
                          2024년 3月
                        아윤희 올림

To. 선애씨

저의 고객이 되어 주셔서 매우 감사드려요,
다시한번 축하드립니다. ♪♡♪♪

좋은 인연을 잘 이어나갈 수 있도록 제가 이자리에서
늘 공부하며. 가장 힘들고 어려울 때, 특히 "보험,,으로는
힘들지 않도록 제일 먼저 나설수 있는 담당자가
되겠습니다. 늘 건강하시며, 가정 안에서 행복 건강하시길
바라며 감사한 마음 담아~ 증표을 전달드리면서
소소하지만 주앙에 상연실 파티 하라고 금일봉 (ㅋㅋ)
전달합니다.

" 보험,

(받기)보다 (험한) 세상에서 꼭 필요한 것이
보험이라고 하더라구요.

19년을 금융(보험)이라는 것을 만지면서 많은 고객들과
보험희노애락,,을 같이 해온것 같아요.
때로는 진단으로. 장해로. 수술로. 입원으로. 사망으로
그 모든 사건을 고객과 울고. 웃고. 해온 듯 해요
제가 잘 해볼게요 많이 도와주세요. 소개도 부탁드려요
사랑합니다. 그리고 감사합시다.

2024년 3月에
금융클리너대표 이 은희 드림

10. 강관용, 이원고. 선생님

"보험,

보기보다 험한 세상에서 꼭 필요한 것이
보험이라 말씀 드리고 싶습니다.

오래사는 현대사회에서 가족의 구성원으로써
각자의 자리에서 책임과 의무를 다해주셔서 보험려
제가 감사드리고. 그 책임을 다하기 위해서

노후플랜까지 준비해주셔서 다시한번 감사드리고
축하드립니다.

항상 그러하셨듯이 가정안에서 늘 행복과
사랑이 넘쳐나길 기도드릴께요.

주말에 삼겹살이라도 많은 사셔서 드시고
다은 여름 잘 이겨내셔야해! 그리고
소개도 부탁드릴께요. (특히 으리 큰아드님 께)

PS. 간병보험 청약하신후 승천보내드리려면 이어서 하일듣이 꽃으셔요
늘 믿으주셔서 감사드려요 사랑합니다.

2024년 6월에
2024년 아빠 이○희 대표올림

10. 복하씨 ~

어렵고, 경기상황이   안좋음에도

자집에서 했든, 친유이 의해서 했든

친구를 믿고 우선가(양보험)를 또 중요해으드이

감사드려요

저타 이제 평생 연이 되샀으니

함께 가요. 보았으로는 힘이 들지 않드록

제가 도와드럴께요

명절 추석시 다가 왔으니 브치마라드

브쳐드시게   오래땅 보내요.

어머니랑 맛있게 해서 드세요

                    2024년 9월 8일

                   너머 보 엄마

To. 언니.

좋은 인연을 만난 변소로 언니 가정에 보험이란
보장자산과 재무설계을 다시 재설계 할 수 있게
되어 또한 맡겨 주셔서 너무 감사드려요~
아작은 서로 잘은 알지 못하지만 느낌은 이미
너무 좋아요 (오래된 인연)~ ^^
16년간 보험을 만지면서 그래도 많은 고객들께
보험을 대하는 태도가 바르고 정직하다는
소리는 많이 들었던 것 같아요 그래서 이자리에
아직도 있는게 겠져! 언니, 저는 제가
만나는 모든 분들이 미래의 역경에서 《 보험 ,,
으로 만큼은 《 과절 ,, 하지 않도록 도와드리고
싶어요. 물론 보험을 가입하고 그런일은 없어야
더할나위 없겠지만요. 이런 귀한 인연 끊이지
않도록 제가 이자리에서 열심으로 최선다해
볼께요. 늘 가정 안에 행복한일만 있으시길
바랄께요. 또한 언니같은분 소개로 꼭 부탁드려요
다시한번 축하드리구 귀의고객이 되어주셔서 감사해요 ~이유회 옥김

To. 혜영씨

저의 고객이 되어주셔서 매우 감사드려요~
다시한번 자녀들 보장자산을 준비해 주셔서 제가 오히려
감사하고 축하드립니다.

좋은인연을 만나 잘 이어나갈 수 있도록 제가
이자리에서 늘 공부하며 가장 힘들고 어려울 때 특히
보험으로 힘들지 않도록 제일 먼저 나설수 있는 담당자가
되겠습니다. 늘 가정모두 건강하시구요.

가정안에서 행복 건강하시길 바라며, 혜영씨 주변분들
소개도 부탁드려보며

요즘은 백세시대가 이미 정착되어있지만 무병장수 가아니라

유병장수시대이기 때문에 준비하시는 것이 맞습니다.

늘 건강만 하시면 됩니다. 보험은 부적같아서
준비하고 있으면. "알라딘의 램프처럼,, 정말 필요할때
"지니,, 처럼 나와줄거니까요

믿어주셔서 감사해구요. 종친정리해서 보냅니다.

우리 아이들에게 좋은 부모님으로 남아주세요.

저도 혜영씨 가정안에서 좋은 담당플레너로. 남겠습니다.

우리 건강 조심하시구여~

2024년 6월
금융전문가 사윤희 담당 올림.

To. 영란.

20년 가까이 영란이을

보면서 항상 바르고 착하고.

너를 알고 있어서 너무 다행이야.

보험으로 만난 인연이지만 친동생보다

더 언니을 믿고 따라주는게

언니가 이자리에서 더 열심히

할 수 있는 것 같아~ 고맙다

항상 건강하고 너의 행복이 늘

가정안에서 있길 기도할게~

2024년 1월 0일에 윤경란

10. 전 가수 성진씨

노래 부르시는 분이 치아가

좋으셔야 되는데..

대비하는 마음 God.

치아가 이쁜 사람이   멋있겠지만

우리는 맘이 더 이쁜 사람이

되자구요.   시체말로는 (ㅋㅋ)

밝게 주셔서   감사해요.

잘 관리해볼께요~ ^^

　　　　　　　2024년 11월에   윤민수 ㅋㅋ

Ps (근데 앞니빠짐 ㅋ짱~)

치아보험을 가입하시구
치아에 대한 편지를 써드렸다.

❝

치아가 이쁜 사람이 멋있겠지만

우리는 말이 더 이쁜 사람이 되자구요

❞

10. 애리씨. 태용씨

인생을 살다는것.
어른이 된다는것
부부가 된다는것
부모가 된다는것.
어차피 해야할 우리의 옳이니.
기약사는 것. 열성히 "잘 살아보자,, 라고 늘
저는 주문을 외어요.
"보험, 살면서 꼭 필요한 제도.

나를 위해 그리고 우리 가족을 위해, 또는 미래의
역경에서 조금이라도 좌절하지 않도록 앞서서위주는
안전벨트와 같은 것이기 이번기회에 가장님 이서아빠의
보험을 준비하심 꼬에 대해 다시한번 축하드립니다.

제가 함께 사행하서의 가족을 위해. 늘 이 자리에서
함께 타겠습니다.

이번주만 지나면 한가위네요.
떡갈비라도 사서 드시라구 상품권 보내여. ^^
잘보내시고 또 만나여 ^^

사랑합니다.

2024년 9月61
제정줄게너 이순이소광 올림

To. 유애씨~

19년동안 보험과 함께한 희·노·애·락 을

보내왔고. 여전히 이 자리에서 보험과 고객분들과

미래의 역경에서 과절하지 않도록

열심히 뛰고 있습니다

"인연,, 유애씨와 주현군 팀장님과 이렇게

만나게 되어 보장자산을 만지게 되고

외늘 선택해 주셔서 참 감사합니다.

이 소점을 출발선으로 해서 항상 변함없이

함께 하겠습니다.

보험은 보기보다 엄한 세상이 꼭 필요한

금융자산입니다. 사랑하는 가족을 위해 지켜내야 되고

지켜야 할 자산이니. 힘내어. 함께 지켜보아요

첫째 딸을 위한 준비 다시한번 축하드리며

항상 사랑이 넘치는 가정. 건강한 가정 되시길

기도드릴께요!

2024년 10月의 즐거전달을 드리며

고객감사편지 이은미소장 드림

P.S. 아이들 피자파티 한번 하세요.
약소하지만 아가들 시즙고 싶어서
피자가 먹어버세요 ^^~

To. 김영선. 임지숙 고객님.

지숙씨와 10년 이상 이어온 귀한 인연으로
변함없이 보험관련 상담을 의뢰해주고
이렇게 또 가정이 필요한 보장자산을 준비해
주셔서 감사드려요.

늘 그랬듯이 영선,지숙씨 옆에서. 미래의 여정에서
좌절하지 않도록 조금이나마 보탬이 될 수 있도록
함께 하겠습니다.

날로 급변하는 금융·보험 환경속에서 그래도
이상적이 교보에 아윤희플래너가 있어. 잘 준비했다고,
"참 다행이었다,, 라고 말하실 수 있도록 늘 공부하며
자리 지키겠습니다.

무엇보다도 더욱 건강하시고 가정안에서 행복이
깊어지 않도록. 좋은 일을 서로 만들어 가시는 삶을
사시길 기도드릴게요

증권을 전달드리면서 감사의 마음으로 약소하지만
가득히 식비 넣어 보내드려요 ^^
그리고 '도개,,도 꼭 부탁드려요   2025년 3月 11

From 아윤희 바람 P...

> 날로 급변하는 금융·보험 환경 속에서

그래도 이 상품이 교보에 이윤희 플래너가 있어

잘 준비했다고, "참 다행이었다"라고 말하실 수 있도록

늘 공부하며 자리 지키겠습니다.

to. 태진 ~

별 처럼 수많은 사람들 그 중에 그대를 만나

이렇게 인연으로 보장자산을 준비시켜 드릴 수

있음이 감사합니다.

그 믿음으로 늘 이자리에서 변함없는 마음으로

함께 하겠습니다.

믿어주시는 만큼 신뢰가 무너지지 않도록

그리고 보험으로는 적어도 미래의 여정에서

좌절하지 않도록 최고의 보험서비스을

할 수 있는 당당하가 되겠습니다

그리고 태진씨 같은 분 여러분 써 꼭

소개부탁 드려요.   감사합니다.

오래감사다. 저도. 그대도.

2025년 11月에

태진씨의 재무관리사 이윤희 대표 올림

To. 수안지 ~ 희경씨.

별처럼 수많은 사람들 그중에
두분을 만나. 이렇게 오랜 인연으로

보장자산을. 여전히 만지고. 있게 되어

너무 고맙고 감사합니다.

그 맘으로 늘 이자리에서. 변함없는

마음으로 함께 하겠습니다.

받이수시는 만큼. 성죄가 무너지지 않도록..

그리고 보험으로는 적어도 역경에서

좌절하지 않도록 최고의 보험서비스을

할 수 있는 담당자가 되겠습니다.

감사합니다.

                    2025년 6월에

              교보생명 이순희 대표돌림

To. 우리 목사님께.

샬롬! 목사님

사도 바울선생님께서 에베소서의 처음을 이렇게
시작하셨던 것 같습니다.
하나님의 뜻으로 말미암아 그리스도 예수안에
있는 신실한 자들에게 편지하노니 …

저또한 지구촌교회에 가장 사랑이 많으신
김한나 목사님께 월요일의 첫 시작,,을
러브레터로 열어볼까 합니다.

수련회로 많이 바쁘실 우리 목사님께.
두가지 준비를 해보았습니다.

첫째 : 스리오챰이 않으실만한 "크리스탈,, "티,,
둘째 : 진신감자는 아니지만 더위를 극복
        할수 있는 단선 좋은 방바의 ᄊ

그리고 기도하실 때 마다. "복,, 성화의 아저씨요

콜브라 형제시 보깨~

목사님. 항상 좋은 말씀 주셔서 감사해요.

말씀의 문이 열리지 않을 때... 마음이 참

복잡했는데 오늘 전 너무 행복합니다.

주님께서 저의 길을 예비하고 계신거겠죠.

이것을 "은혜,, 라고 하는가봅니다. 새

첫 신앙. 첫 신뢰. 첫 순종. 첫 설계. 첫 방언

첫... 첫 것은. 늘 새로운, 그리고 설레는.

앞으로는 설명이 되지 않을 법함인 듯 합니다.

목사님. 늘 건강유의 하시고.

저 또한 각자의 자리에서 늘 씩씩하게

기도하고 기대하고 기다리겠습니다. ^^

2023년도 7월에 마리아닌느에 야은혜

10. 이종 원장님

"뜨거운 싱어즈" 에서 바람의 노래를 들었습니다.
치열했던 젊은 날을 담아 부르는 바람의 노래가
저에게도 너무 큰 공감을 일으켰습니다.
1月 한달을 바람의 노래를 듣고 또 듣다가 잘 부르고 싶어서
개인 lesson 까지 받았습니다. (못하하)

66   살면서 듣게 될까?
     언젠가는 바람의 노래를 세월가면 그때는 알게 될까?
     꽃이 지는 이유를 . .
     나를 떠난 사람들과 만나게 될 또 다른 사람들 스쳐가는
     인연과 그리움은 어느곳으로 가는가?
     나의 작은 지혜로는 알수가 없네.
     새가 아는 건 살아가는 방법뿐이야.
     보다 많은 실패와 고뇌의 시간이 비켜갈수 없다는걸
     우린 깨달아야 해. 이제 그 해답이 사랑이라면
     나는 이세상 모든 것들을 사랑하겠네. "

해답을 찾은 08이 되시길 ... ^^

                              2025. 3月 6日
            ─ 교보생명·한화증권 이윤희 대표올림 ─

P.S.   원장님 여행가실 때 쓰시라오 파우치 보내요.
       그리고 오건 꼭 읽어보세요.
       기도   죄 두 씨 ^^

친구가 고객에게 쓴 편지를 나도 공유해 보면서

그녀가 썼던 방식으로 고객에게 써서 드렸다.

원장님께서 읽고 또 읽었다며 고마움의 표시로

"보톡스를" 서비스로 놓아주셨다.

손편지의 위력이었다.

TO 김형부. 현주 고객님께

"인연,,의 귀한 단어를 소중히 생각하며
늘 감사하며 살겠습니다.

그 여름동안 보험,,과 함께 한 희노애락을
함께 하면서. 마음이 즐겁기도 했고. 또는
마음이 아팠기도 했어요.

제가 하고 있는 이 일이 늘 옳았기을
앞으로의 10년. 20년. 고객의 보장자산. 노후자산.
목적자산을 준비해주면서 적어도 보험으로는
미래의 여정에서 힘들지 않도록 이거저거에서
늘 공부하며 자리자키겠습니다.'

감사합니다. 그리고 저의 고객이 되어주신
저보다 더 큰 고보생명을 믿어주셔서
감사합니다. 늘 행복하세요.'

                2025년 1月 29日에 이윤희 올림.

20년 동안 "보험"과 함께 한 희로애락을 함께 하면서

마음이 즐겁기도 했고, 또는 마음이 아팠기도 했어요

To. 은유님.

살롱!

주님안에서 만나뵙게 되어 너무 반갑구요.

또 이렇게 "보험" 보장 자산을 맡겨주셔서

감사해요.

안전하게 운전하시고 다니는 동안.

주님의 영역이긴 하오나.

질병이나 재해. 등의 사고가 나지 않도록

늘 기도하며. 함께. 이자리에 있겠습니다.

보험,,으로는 어려이 여경에서 좌절하지 않도록

제가 늘 상담해드리고 챙겨해드리겠습니다

제 번호는 010. 4718. 7501,, 이윤희 입니다

→(지금 폰을 여시고 저장 ㅅㅅ)

은유씨 하는일 형통하시길 바래요.

　　　　　20년 7월에 이윤희 대표 올림

P.S 소오하지만 가입선물 함께 보내요. 감사합니다

윤채현. 경영자 고객님.

샬롬!

주님안에서 만나뵙게 되고 이렇게 자수울 교회에서
다시 만나뵙게 되어 정말 기뻐요. 감사합니다.

죽고 사는문제, 아프고 다치고 발생하는 모든 영역은
주님의 영역이시니. 제가 그분의 뜻을
헤아릴 수는 없지만. 서로는동안

보험으로는 미래의 역경에서 그늘이나마
좌절하지 않도록 제가 이자리에서 늘
공부하며 자리메김 하겠습니다.

집사님 가정도 늘 평안하시길. 함께 기도하겠습니다
주변의 좋은분 소개도 부탁드리구여.
제 고객님이 되어주셔서 다시한번 감사드립니다.

　　　　2021년 1月에 이윤희 대표 올림

P.S 약소하지만. 맛있는 것 보내드려요 ~

To. 나정아 고객님.

저희 고객이 되어주셔서 매우 감사드리고
다시한번 축하드립니다.

좋은 인연으로 만난 연고로 이제부터
나정아 고객님 가정에 "보험"이란 보장자산을
더욱 꼼꼼히 챙기며 이자리에서 자리매김 하겠습니다.

이제부터 5년.

저금리, 저성장, 고세금시대에 나정아 고객님께서
계약하신 상품이 최적의 선택이었음을

강히 받쓸드리고 싶습니다.

늘 가정안에서 행복 건강하시길 바라며

진아씨같은 분 소개도 꼭 ^^ 부탁드려요.

2025년 6월에
종합대표 이양티 올림

P.s. 약속하자만 주말에 냉면 사써 드시고. 외버지 여승
시원하게 이겨내보아요. 우리 동행함께 가요.∽.^^

To. 이병원 고객님

저의 고객이 되어주셔서 매우 감사드리고
다시 한번 축하드립니다.

좋은 인연을 만난 연으로 이제부터
이병원 대표님의 가정이 "보험"이란 보장과상을
대하면서 어떠한 역경에서 최소한 보험으로는
힘이 들지 않도록 제가 늘 이 자리에서 함께
지켜드리겠습니다.
이제부터 "5년 ~ 10년,,
지금의 최선을 고씨합시대기 이병원 대표님께서
께약하신 상품이 최고의 선택이였음을 강히
말씀드리고 싶습니다.
늘 가정안에서 행복·건강하시길 바라며 대표님같은분
소개도 꼭 부탁드립니다.
Ps. (담배도 좋게 피시면 건강에 문제 안될까예요~ 연아대장)
                        2024년 8月기
              담양 풀게나 이 윤아 대표올림

To. 장동재 고객님

저의 고객이 되어주셔서 매우 감사드리고
다시 한번 축하드립니다.
좋은 인연을 맺은 연고 이제부터
장동재 대표님의 가정에 " 보험이란 보장자산을
대하면서 이때의 역경에서 최고한 보험으로는
힘이 들지 않도록 제가 늘 이자리에서 함께 지켜드리겠습니다
이제부터 " 5년 ~ 10년 ,
지금의 자성량 고시증서대기 장동재 고객님 께서
계약하신 상품이 최고의 선택이었음을 강히
알씀드리고 싶습니다.
늘 가정 안에서 행복 건강하시길 바라며
대표님같은 분 소개도 꼭 부탁드립니다.
감사합니다.

2024년 11月 에

당당재무관사 이영희 대표 올림

10. 영순

10년 이상 영순이를 보면서
항상 바르오. 착하오. 너를 알고 있어서
너무 행복해
보험,,으로 만난 인연이지만 친동생보다 더
언니를 믿고 따라주는 이 언니가 이자리에서
더 열심히 할 수 있는 것 같다.
고맙다.
항상 건강하오 너의 행복이 늘
가정안에서나. 가정 밖에서 영원히
있길 그분께 기도할께.
지금부터 소년 60개월 을 지나간다.
옆에서 언니도 응원하며 같이 갈께.

2028년 11月에
너의 재무담당자 이○○○○○

To. 진흥~

별처럼 수많은 사람들 그 중에
그대를 만나. 이렇게 인연으로
보장과산을 준비시켜 드릴 수 있음에 감사합니다
그 믿음으로 늘 이 자리에서 변함없는
마음으로 함께 하겠습니다.
믿어주시는 만큼 신뢰가 무너지지 않도록
그리고 보험으로는 적어도 미래의 역경에서
좌절하지 않도록 최고의 보험서비스를
할 수 있는 담당자가 되겠습니다.
그리고 진흥씨 같은 분 한명만 꼭 소개부탁드려요
감사합니다.

2025년 11월에
진흥씨의 재무설계사 이 은희 대표 올림

10. 최철님.

별처럼 수많은 사람들 그 중에

그래를 만나 이렇게 인연으로

보장자산을 순비 시켜 드릴 수 있음기 감자 드립니다

그 믿음으로 늘 이 자리까지 변함없는

마음으로 함께 하겠습니다

믿어주시는 만큼 신뢰가 무너지지 않도록

그리고 보험으로는 적어도 미래의 역경에서

좌절하지 않도록 최오의 보험서비스를

할 수 있는 당당자가 되겠습니다.

그리고 최철님와 같은 분 한명만 꼭

소개부탁 드려요

감사합니다.

      2025년 11月에

      3자쌤의 재무관리사 이○○하대표 올림

To. 영이씨, 윤규씨

별처럼 수많은 사람들 그중에 두분을 만나
이렇게 보장자산의 일부를 맡기게 되어
너무 고맙고 감사합니다.

그 믿음으로 늘 이자리에서 변함 없는 마음으로
함께 하겠습니다.

믿어주시는 만큼 신뢰가 무너지지 않도록
그리고 보험으로는 적어도 미래의 역경에서 과질리지
않도록 최고의 보험서비스를 할 수 있는
담당자가 되겠습니다.

앞으로도 저는 이자리에서 변함 없이
성장하며 있겠습니다. 언제든 믿어주세요.
그리고 늘 가족처럼 그 마음으로 함께 할께요
소개도 부탁 드립니다 ^^. 감사합니다

Ps. 담배는 문유복장님~   2025 6월에
    "좋요 츠께버.. 이 의리 대표.

> **별처럼 수많은 사람들 그중에 그대를 만나**

(이선희 가수의 그 중에 그대를 만나를 고객을 만남으로 인용해서
손편지의 첫 장을 열어 보았다^^)
♪ 흥얼거리며 나도 모르게 노래를 불렀던 기억이 난다.

To. 김동현 대표님

19년동안 보험과 함께한 희노애락,, 이 있습니다.
여전히 지금 이 자리에서 고객님들이 미래의 역경에서
좌절하지 않도록 열심히 하고있겠습니다.
'인연, 대표님과의 소중한 인연을 크게 여기고
이 시점을 출발선으로 해서 첫마음 그대로 변함없이
함께 하겠습니다.
보험은 보기보다 험한 세상에 꼭 필요한 응급약상입니다.
사랑하는 가족을 5태기 지켜내야 되고 지켜야할 자산이기
힘내서 함께 건강하게 지켜봐요.
다시한번 너무 고맙고 감사합니다.
그 믿음으로 늘 이 자리에서 변함없는 마음으로 함께 하겠습니다
믿어주시는 만큼 신뢰가 무너지지 않도록 최고의 보험서비스를
할 수 있는 당당히가 되겠습니다.
언제든 궁금하신 건 문의주세요. 그리고 늘 가족처럼
그 마음으로 함께 할께요. 대표님과 같은분
소개도 부탁드립니다. 감사합니다.

            2020년 11월에
        담당관리자 이 영란 대표 드림 [도장]

to. 태진 ~

별처럼 수많은 사람들 그 중에 그대를 만나
아름게 인연으로 보장자산을 준비시켜 드릴 수
있음이 감사합니다.
그 믿음으로 늘 이자리까지 변함없는 마음으로
함께 하겠습니다.
믿어주시는 만큼 신뢰가 무너지지 않도록
그리고 보험으로는 적어도 미래의 역경에서
좌절하지 않도록 최고의 보험서비스를
할 수 있는 담당자가 되겠습니다.
그리고 태진씨 같은 분 여러분 써 꼭
소개부탁 드려요. 감사합니다.
        오래감사다. 제도. 그래도.

            2020년2 11月에
        태진씨의 재무관리사 이유미 대표 올림

10. 이상준 대표님

19년동안 보험과 함께 "희·노·애·락" 을 보내왔습니다.
여전히 저는 이 자리에서 고객분들이 미래의 역경에서
자절하지 않도록 열심히 뛰고 있겠습니다.

"인연" 대표님과의 소중한 인연을 최고라 여기고
이 소중한 출발선으로 해서 첫마음 그대로 변함없이 함께
하겠습니다. 보험은 보기보다 험한 세상에 꼭 필요한
중요자산입니다. 사랑하는 가족을 위해 지켜내야 되요
지켜야할 자산이며 힘내어 함께 건강하게 지켜봐요
다시한번 너무 고맙고 감사합니다.

노 믿음으로 늘 이 자리에서 변함없는 마음으로 함께 하겠습니다
믿어주시는만큼 신뢰가 무너지지 않도록 최고의 보험서비스을
할수있는 당당자가 되겠습니다.

언제든 궁금하신 건 문의 주세요. 그리고 늘
가족처럼 그 마음으로 함께 할께요.

그리고 대표님과 같은분 소개도 부탁 드립니다.

　　　　　　감사합니다.

　　　　　2024년 11월에

　　　　　　담당 관리자 이 　　　　　올림

To. 장미씨.

하람이 보왕. 그리고 장미씨 보장자산을 증비해 줘서
너무 다행이예요. 엄마가 더 한시름 놓여요. (ㅋㅋ)
보험이란게 없을 굉장히 불안한 시대에 우리가
살고 있기 때문이기도. 유병장수시대에 함께
내몸이 불작사기고 가야되는 "안전벨트,, 같은 꺼이기기
그리고 '알라딘의 램프속 지니체럼

미래의 역경가서 좌절하지 않도록 뚝딱,,~ 하오
사작주는 보험은 과해도 나쁘지가 않다오들 해.
우리 예쁜 장미씨을 알았으니 이제부어 보험으로는
도움이라도 힘들이 않게 언니가 옆이서 늘 힘기 되어줄께
지금까지 잘해왔오. 앞으로도 잘할 장미씨.
힘들때 제일먼저 생각나는 언니로 남아있을께.
키여운 하람이을 의해서라도 아프리않오 씩씩하게
살아가도록 하자. 그리고 하나더 하람이가 어릴때
하람이 교육자금 (대학자금) 미리오아 눈는것이 우선순위.
어려운 실정이지 안 피할 수 없는 교육자금이니 시작해보와.
시간 행간다~ 키한 인연으로 평생가자는 약속도 꼭
장미 갈께. 친구들(보험들친구) 소개도 꼭 부탁 께. ㅅㅅ

2023년 11月에 장미의 자산관리담당과 아윤희 대출으로

To 동환.

보험 외길 20년차,,

이 자리에 오래 있을꺼라 상상조차 할 수

없었는데 이렇게 시간이 흘러왔네.

이렇게 있다보니 또 이렇게 인성좋은

우리 동환이도 만나고. 사는동안 너의 건강

문제에 대해서는 늘 챙기며 가도록 해 볼께

누나의 고객이 되어줘서 고맙다.

보험이란 이 분야에서 만큼은 누구보다 잘

처리하고 서비스하는 너의 난러자가 되어볼께

부탁할 것은. 이 일에 대한 책임감은

동환이다 같은 사람 "소개,, 받는것이라 생각해

통해 꼭 소개해주길 기도하며

            2026년 1月에 금융플래너 이윤희 드림.

10. 박창석 · 박은혜 형부, 언니께.

별처럼 수많은 사람들 그 중에 그대를 만나(행복)

이렇게 긴 사랑의 인연으로 보장자산을

다시한번 점검시켜드릴 수 있음에 감사을 드립니다

영업을 한다는 것은 마음을 자해야 한자는

것인데. 이렇게 좋은 분들이 제 곁에 계셔서

저도 제가 성장 할 수 있었던것 같습니다

그 믿음으로 늘 이 자리에서 변함없는 마음으로

함께 하겠습니다. 그리고 보험으로는 적어도

아때의 역경에서 좌절하지 안도록 최고의

보험서비스을 할수 있는 담당자가 되겠습니다.

그리고 항상 「소개하실 분들 저에게 꼭

연결해주세요」 그래야 제가 이 일을 더 오리

할수 있답니다. 감사합니다.

　　　　　　　다게 건강하시구요~

　　　　　　　　2026년   1월에

From. 언니사 행복의 재무설계사 이윤희 대표 올림

To. 김영자 원장님

병세권 수많은 사람들 그 속에
원장님을 만나 이렇게 고객으로의 인연을 맺을
보장자산을 가질 수 있게 되어 참 감사합니다
영업을 한다는 것은 마음을 다해야 한다는
것인데 이렇게 좋은 분들을 제 곁에 두게
되어 더욱 제가 성장할수 있었던 것 같습니다
그 믿음으로 늘 이 자리에서 변함없는 마음으로
함께 하겠습니다. 그리고 보험으로는 적어도
미래의 여정에서 외롭지 않도록 최고의 보험
서비스를 할 수 있는 담당자가 되겠습니다.
그리고 좋은 분들 소개도 부탁드립니다.
"많으는 거래,, 명절이기도 하고 가족
함께 보내요. 맛있게 드세주세요 그리고
영호씨께 항상 검토해주시구여
다시 한번 축하드리고 감사합니다

from 2026년 2째내 이승미 대표 올림

10. 양영숙, 께병호 고객님.

별처럼 수많은 사람들 그 중에 영숙님
부부와 가정을 만나 이렇게 좋은 인연으로
만나게 되어 너무 감사합니다.

지금과. 저성장 고세금시대이 내년구
영숙씨과 계약한 이 상품들이 뒤2머
신태이오습을 강히 말하고 싶습니다
늘 가정안에서나 가정밖기서 행복과 건강이
함선더기 바라께. 영숙씨 같은 사랑 쫙
내사랑만 "소개,, 부여 할께.
이 과한 일을 인래하고 싶어. 나는
그러려면 소개받고 이 과리게서 잘 버러고
있는 방법 밖이 없어들!
그럼께 형씨 즐거가 많이~
다시한번 축하하고. 감사하며.
2026년 2월에
From. 너의 재정 건당 이 으흐라 대표 옥2이

To 유용문 대표님

"돈의 속성„ 이란 책에서 말하기를

돈이야말로 나와 내가 사랑하는 사람들을

보호하거나 도울수 있다고.

그럼 평범한 우리가 어떻게 하면 큰 부자가

아니더라도 돈에 끌려다니지 않고 조금은 여유롭게

살아 갈 수 있을까요?

" 진짜 부자들의 4가지 습관 ~

① 일어나자 마자 기지개를 켜라

② 자고 일어난 이부자리를 잘 정리한다

③ 아침 공복에 물 한잔을 마셔라

④ 일정한 시간에 자고 일어나라.

이러한 기본습관부터 잘 갖춰진 사람은 돈이 꼭 아니더라도
다른 어떠한 일도 잘 해낼수 있을 것이다„ 라고

말해주고 있더군. 루틴을 지킨다는 것은 스스로에 대한
신뢰가 쌓인다는 이야기고 그 신뢰는 곧 다른이에게까지

전달된다.고 이책에서 말해주고 있었어요.

내가 그동안 본 유용한 대표는 돈을, 크라게 여기는 사람이고, 돈에 대해서는 어디에, 그돈이 있어야 되는지 너무 잘 아는 사람이 었었습니다.

그래서 그런 유대표님을 너무 존경하고, 훌륭하게 생각합니다!

모요는 봄이 제고객이시고, 제친구인것이 너무 자랑스럽습니다.

10년후, 20년후기에 오늘들을 그리보며, 적어도, 돈에 대해선 힘들지 않도록, 갈 지키고, 이겨내시거라 함께, 지켜내겠습니다.

다시한번 Plan. Be 를 수정래주성에 감자드리며 항상 건강하십시오.

2024년 8月에

고로생명 이승히 올림.

재무강당자.

진짜 부자들의 4가지 습관

① 일어나자 마자 기지개를 켜라.

② 자고 일어난 이부자리를 잘 정리한다.

③ 아침 공복에 물 한잔을 마셔라.

④ 일정한 시간에 자고 일어나라.

10. 김신봉. 이태순 고객님

별처럼 수많은 사람들 그중에 두분부, 형제 자매 남을
하나 이렇게 "20,, 년이란 세월을 보내왔고
다시 시작하는 20년!
세상이 "스피드,,하게 지나가고. 변화는 끝없이
요구하는, 그리고 오래사는 유병장수,, 리스크에
맞닥뜨리다 보니 어느새 50., 60세 즈음에
우리가 와 있네요.' 이렇게 긴시간 동안 저를
믿어주시고 함께 해주셔서 감사드립니다.
유병장수시대의 이 상품이 최고다. 그리고
최적의 상품이 맞다고, 말하실수있게 늘
보험으로는 옆에치 않도록, 건강하게 이끌어드려서
자리매김하며 이 가정안에서 큰 나무처럼
있어드릴께요. 변화의 시작기 멋 앞장서주시고
여건 따라주셔서 감사드립니다. 날이 많이 춥네요
건강 또 건강하세요 ~.

         2026년 2월에
           든든한 고행생 동반자 이윤하 올림

To. 강정규 강선증 고객님께

보험으로 상처 받고   힘들었을 건데..
손해를 감수하면서 까지   보장 P/씨. 이 대해
믿어주시고   함께 준비해 줘서 제가 더 감사드리지

정창용작가의   단편시집에 보면 "보험설계사,,란
내용이 적혀 있는 한줄에 제 눈을 빡나게 했던 적이
있어요. '건강할 땐 왠수   아플땐 심병의 은인'

보험이란   그런 것이죠 ~
이 업계에서   /천동안   일을 하자보니 저 실강앖어
하는것 같아요.   삶의 자리에서 서는 어려움은 있겠지만
잘 지쳐 나간다면   미래의 역경에서 조금이라아
큰 도움이 되리라 의심치 않습니다.
다시 한번 가입 축하 드리구요

저 또한   선승씨 주장을 위해 이 자리에서
열심히 뛰여 자리에임 할수 있는 플레여가 질수
있도록 해드릴게요.

Ps. 증천을 전달하면서 가입축하 선물로   약소하지만
주말에 가족 오두 "삼겹살 파티,,라도 하시라오
"금일봉,, 조금 넣어 났어요 ~ ^^ 그리고 소개도 꼭 부탁스려요 ~

II

저축 편지

右。 라영써~

우리나라에서 가장 큰 3가지 리스크는

1. 저 성장,

2. 저 금리

3. 고 세금 이라고 합니다.

열심히 사는 우리 청년들에게, 직장인들에게는 트리플 악재인거죠~

잘 사는 방법 한가지는 모아둔 것을 불어두는 것이 3가지 위험리스크에서 벗어날수 있는 유일한 길이랍니다. 장기투자,

그리고 "복리의 마술,, 이셨죠?

시작이 반이라 했으니 우리 한번 열심히 해~보자구요 늘 건강하세요~

증정을 전달하면서.

약소하지만 상품권 하나 함께 보내요~

회사가 이 상품은 ^^ 고객에게 좋은 상품이라
쓸데없이 주지 않게는 거라. 신용을 안 준다는 것. ^^

그래도 아쉬워서 준비해서 보내니.

주스 하나 사서 받아요~

인제는 중금한 것은 물어 봐주시고
더운 여름 잘 견디시기를...

2017년 7월에
이 순희 과장 드림.

To. 영건.

늘 함께 와어 주서. 고맙구~

축하을 전달하며서.

또 무어가 보강자산 여증자산을

영란아,

지금처럼 10년 좋게 본 것처럼

각자의 자리에서 부족한 거 서로 써.

도와며 또 10년. 함께.

보내고. 그러자.

ㅋㅋ

그리고 낭는건 없지만 (ㅋㅋ)   (ㅋㅋ)

이번 계약 한건 더 더더욱 이어없다. 어너까.

하지만 영란이께 무엇이 아깝겠어.

그래서. 금일봉 10 만원 넘어 보낸다. 아이들

상현하고 , 삼겹살 파티 한번 해~

사랑해.

2011년 9월요

준비하는 너의 삶의 태도에서

나 또한 너의 겸손함과 대견함을 배운다.

은경고객님~

승훤정리를 하면서. 이런생각을 하보어요
나도 이런부모님이 있었더라면... 105이라는
문강자산을 만들어주고. 저축을 넣어주고.
은경고객님의 자녀들이 순간 많이 부러워지더군요.
다시한번 최의 근거이 되어주시고. 저보다 더
큰 교보생명에 다시한번 근거이 되어주셔서
감사드리구. 축하드려요.~ ^^

승훤을 전달드리면서..
약소하지만. 제 마음 담은 편지와 선물을.
넣어났어요. 주말에 롯데에서. 맞으는
옷있으로 식구욱 대방하셔요.
그리고 아쉬움에. (승훤용 5만원) 이건.
직장으로 왔다갔다 하시면서 청둥구매
하고플때 T 먼원 에 한장~ 이런거여~
한번 느러세요. 저축을 많이해서 기쁘기도
하지면 그만큼 헌신의 시간도 필요한 기간이걔
함께 기쁨나 헌신. 나누고 싶어요. 늘 건강하시고
항지 통화하며 소통하는 사이되시라구요.
2018년 1월

ㅎ. 영아 언니.

신께서 항상 공평하다는 생각을 강히
해보네. (왜 공평? 힘든 나에게 좋은 사람을 연결 시켜주는듯

언니를 알고 지낸지도 벌써 8년

그냥 무언가 액션을 취하지 않아도.

그대로 사랑해 주고 인정해 주는 언니.

(나만의 착각은 아니겠지? ⓗ)

늘 고맙습니다. 근용에 대해서도.

보험에 대해서도. 아픈 나를 믿고

신뢰해 주는 언니가 있어.

일에 대한 만족도 나 책임감을 더욱

갖게 해주는 원게강 있는 언니

사랑합니다. 그리고 이 상품 나에게

최악의 인쏀 지금 그래서 더 많이

해줄수 없는 제 마음 이해 바래요~

그래도 좋은거 샀어~ 방수옷라리다. 보내가네~

2018 5月에

미~ 미소가 수줍은 그녀.

영 ~ 영원히 언니가 함께 해줄께. ^^.

13년째 발함과 함께 희·노·애·락을 지내온

내가 오늘도 고객인 미영씨를 만나러 가면서

몇 줄과 적어보네. 이젠 고객이 아닌 가족으로

말이지~ ^^

늘 부족한 나를 믿어주고 보험!. 과 적축 만콩은

의견을 잘 즐어줘서 고맙습니다.

미영 그대. 늘 사랑하고 , 건강하고.

지금보다 더 많이 신뢰하고 의지하는 사이

되자. 아이들도 걱정말구.

슬픈일 기쁜일 함께 하는 언니와 내가

되길 증천을 전달 하면서 말해주고

싶었어 ~ ^^. 잘하자. 잘하아 ~. 2018년 10월.

너의 가족에 졸랜재무설계사인 은현샘

A. 지금의 자산장, 고세금 시대를 살고 있는 두병씨를 포함한 현대인들.

열심히 살고 있지만 그 만큼의 가치를 (물가상승)해결해 주지 못하죠. 그래서 새로운 투자처를 찾아보지만, 고수익에는 늘 "리스크"가 있기마련이죠.

안정적인 투자와 자산을 조금이라도 늘리고 지킬 수 있는 방법은 매月 똑같은 돈을 같은 날짜에 장기적으로 납입하는 것이 가장 안정적이면서도, 수익을 높일수 있는 방법이기에 이 상품을 두병씨에게 제 2의 삶인 노후시대에 현명한 "투자처리라" 감히 자신해 봅니다. 다시한번 이러한 생각에 응해주심에 축하드리고 감사드려요.

2편)

증량을 전달드리면서 맞아는 식사 대접해
드리고 싶어 (식사권) 넣어 보내요 ~.
맛난 음식 드시구 해내보와요 ^^
그리고 곧 선물 계울이불 준비했어요
마음도 용도 늘 따뜻하셨으면 해요

두병씨의 삶의 자리에서 저는 꽃

지음처럼 함께 할께요.
늘 건강이 우선입니다. 아프지도 다치지도
않았으면 해요, 기도할께요.
두병씨 다시한번 감사드리구여.
소개도 늘 ^^ 부탁드여요.

2019년 9月에
이 순이 능동돌개나드림

고수익에는 늘 리스크가 있기 마련이죠.

안정적인 투자나 자산을

조금이라도 늘리고 지킬 수 있는 방법은

매月 똑같은 돈을 같은 날짜에

정기적으로 납입하는 것이…

To. 수민언니

늘 그 자리에서 저의 편이 되어주시려
하시고 한결같은 눈과 맘으로 바라봐주심에
너무 감사드려요! (ㅆ 꾸벅)
언니 올 "22년,은 "부자,, 프로젝트 함께해요.
때로는 강제저축도 해야 될 때가 있고
여러가지 상황들이 있겠지만 이 모든 것들은
결국 "가족 사랑,, 함께 나오는 것들이잖아여
언니 늘 응원해주셔서 감사드리고
명절에 식구들과 함께 드세요.
늘 고맙고요. 올 해는 소개좀 많이 부탁드려요
제가 이 일을 오래 할 수 있는 유일한
통로이잖아요. 부탁 드릴께요 ~.

                  2022년 1月에 언니동생 유리올림.

“

강제 저축

부자 프로젝트 함께 해요.

”

TO. 흠뻑화정 고객님

늘 믿어주시고, 상의해주심에 제가 더

열심히 하게 됩니다 (~^^~)

10년 길다면 길고 짧다면 짧은 시간인데

"목적 자금,, 잘 만들어서 지금보다 더

윤택한 삶을 보낼수 있도록 이자리에서

제나가 함께 해줄께...

두 아이들 그리고 수빈씨 행복한 날들을

위해 주부인. 그리고 엄마인. 그리고. 아내인

이들으로 화정씨 파이팅 이여 ^.

22년 호랑이해이 그년보다 더 통맹스럽게

달려보자구

                        2022년 1월1일 ㊞

                            윤희여나

To. 박윤수 대표님 ~

저의 고객이 되어주시고 저보다 더 큰
고보생명의 고객이 되어주심에 감사드리고
다시한번 축하드립니다.

좋은 인연을 만난 연고로 이제부터 박윤수 대표님
가정에 " 보험이란 보장자산을 안질수 있게 되어
더욱 키웁니다.

이제부터 시작 ~ 저성장, 저금리, 고세습시대에
보험으로는 늘 힘들지 않도록 함께 의논하며
함께가요 ~ 늘 가정안에서 행복 건강하시길 바라며
박윤수 대표님과 같은분 ^^ 소개도 부탁드립니다.

2021년 9월에

Ps. 증취을 전달드리면서 약소하지만 상품권 보내요.
마음이니까요 ~ (정) 그리고 주말산행 하실때
목위에도 하나 싶고요 아빠랑 한개씩 커플은
아니지만 비슷한걸로 하고 다니시는걸로 ~ 해요.

From. 이유희 올림

To. 난영씨~

난영씨를 알게 되서 매우 기쁘고
청음,이 부러울때 자기를 보면서
대리만족 할 수 있어 행복해.
언제 이렇게 나이가 먹었는지 몰라.
한해한해 살면서 사랑으로 살아가는 것이
가장 어려운 일이더라고.
'인연, · · · · ·
난영씨 가정을 맡난 소중한 인연으로
인나는. 난영씨 가정이 보험으로는
미래의 여정에서 힘들지 않도록
재무적인 보장 플랜을 위해 옆에
항상 있어 줄께.
인나의 큰짐이 되어 주어서 정말
감사하고 다시한번 "축하해. (승호교육자금마련)
항상 건강하고 우리 오랫동안 보자.

from 2023년 5月에
송이로통게서
이 언니가 더뚜

To 은미언니

저의 고객이 되어주셔서 매우 감사드리고
다시한번 축하드립니다
좋은 인연을 만난 연고로 이제부터
은미 언니의 가정에 " 보험 " 이란 보장 자산을
만질 수 있게 되어 더욱 더 기쁘구여
이제부터 " 저연, 재성장, 저금리 고세금시대에
은미언니께서 계약하신 상품이 최고의
선택이 었음을 감히 말씀드리고 싶습니다.
늘 가정안에서 행복 건강하시길 바래며
은미언니 같은 분 소개도 꼭 부탁드립니다.

                              2024년 1월에
                        강동톨레버니 이승희 올림

P.s. 약소하지만 상품권 보냈어요
     어려는 결정해 주심에 감사 인사
     드리고 싶었어요. 감사드려요
     받아 주셔서. ㅆ

To. 홍주

종헌 정리해서 보냈어~.
자의에 의하였던 타의에 의하였던 이렇게
나의 고객이 되어 줘서 감사해.
소소하지만 새집으로 이사했으니 흐뭇하나
싶어. 일하늘 엄마라 별 중요하지 않겠지만 ㅆ
이쁘게 쓰세요. (쓸때마다 당연히 언니생각 좀 하고)
나의 핸드폰은 언제나 열려 있으니 늘 전화주세요.
그리고 모든 의존하시고 관리해주세요~.

앞으로 60개월 이제 59개월. 중간중 반영해서
친정엄마같이 전해드리는 그 수고들 상상해 보세요.
너무나 나뜻한 행복할 것 같다.

항상 건강 챙기고. 다시한번 감사하고 축하해.
주말에 찹쌀살, 서른차다. 맛있게 구워드세요.
(금입봉 소안원 넣어보낸다.) 넉이 되네. ㅅ ㅋㅋ.
말복이 지난 3구는 더 없다더라요. 몸·마선콩 해.
잘살이오다가 . . . .
                        2023년 8월에
                        언니가!

“

자네(딸)이 엄마(친정엄마)를 위해

노후자금을 실현 시켜주었다.

”

10. 공창식, 이정연 고객님

저의 고객이 되어주셔서 매우 감사드리고
다시한번 축하드립니다.

좋은 인연을 만난 연고 이제부터.

공창식, 이정연 고객님의 가정에 "보험,,이란 보장자산을
받질 수 있게 되어 더욱더 기뻐구여~

이제부터 7~10년.

저희의 저생장 고세금시대에 공창식, 이정연 고객님께서
계약하신 상품이 최적의 선택이이었음을 강히

말씀드리고 싶습니다.

늘 가정안에서 행복. 건강하시길 바라며
두분같은 분 소개도 꼭 ^^ 부탁드립니다.

2024년 11月에
당당 플래너 이 윤희 소망 올림.

PS. 평생 함께 가요. ^^ ㅅㅅ

선물의 의미

재생 크림　①.　긴거.

썬 크림　②　검정거

BB크림　③　핑크색.

젤 좋은 상품으로다가 ~

후드니든디 ~ 고객사 사장님께서 이번에
　　　　　　　　만든 옷 선물로 드려요!

창식씨 ~ 당배 한보루 (크)

　　　좋게 피면 건강에 해롭지 않아요
　　　둗 아껴야 되니 느따가 서불하겄지 ~
　　　흐. 흐.
　⊙예 많이 모으다가 ~ 상반기때 추가피다리
　　　　　　　　　안크라 ?

> 선물 이벤트
>
> 판촉물을 고려한다.
>
> 나는 늘 고객에 선물을 고려한다.

10. 언니

언제부터인가 일본보다 우리나라가 초고령화시대!

학회 갔더니 교수님께서 말씀하시더라구요.

재수없음. 120살 산다오 ··· (하~

2009년도 증권회사에 입사할때 지점 현수막이 이렇게
걸려있더라구요. '준비없는 노후는 재앙' 이라고.

사실 자녀들도 살기 힘든데 부모를 챙기는 시대가 아니·되기
오래도|요잖아요

언니. 저는 지금 쓸 돈을 모아드리려고 한게 아니구여.

언니가 현직에서 손을 놓고도. 끊임없이 작은 돈이라도

나올수 있는 흐름을 모아드리고 싶으거요

그래야 은퇴이후에도 언니가 말씀하시는 ("먹고 죽어버려,,")을 꼭

실현시킬 수 있으니까요 (우리 기대만 잘 모아봐요)

그날은 꼭 반드시 찾아올께에요!

쓰는돈과 모으는 돈은 반드시 분리해야 되니까

우리 노후의 이득으로 잘먹고 잘살아보봐요 ~

84개덩중 이제 83개월 남으셨어요 (ㅎㅎ.

~ 늘 언니 곁에는 윤희동생 ~ ㅆㅆ

2024년 12月 1日

To. 영천별 대표님

숱한 인연들 사이에서 대표님을 만나오 대표님께서
제 고객이 되어주시고 교보생명과의 라포형성을 맺어주심에
감사를 드립니다!

자리에 연하였던. 타이에 연했던. 이렇게 잠자나가
딸 이어짐에 다시한번. 축하드리고. 사시는동안에는 대표님
에게의 역경이서 좌절하지 않도록 이 보험 증권으로라도
"안전밸트" 자상을 확실하게 붙들고 있겠습니다.

보험은 보기보다 험란세상이 꼭 필요한 금융자산 입니다.
가족을 위해서라도 지켜내야 되고 지켜야할 자산이시니.
함내기 함께. 지켜보사요. 고객분들라.

저는 20년동안 보험라 함께한 희노애락을 보내왔오
앞으로도 보낼날들만 남아있는 사람이니. 걱정하지
마시오 지금처럼 건강유지 하시면서. 애보다는. 하라 더 많은
삶을 사실수 있도록 늘 기도하고 가원드릴께요.

<u>그런의 약속</u> ~ 길면 길고 짧으면 짧다지만.
오후에는 잠간 더 Happy Day 한 날들이 기다리고 있음을
기억해주세요.

다시한번 대표님과의 소중한 첫 만남부터 "고객님이,, 되어준
그 시간들 하나하나씩 기억하며 이자리에서 늘
함께 하겠습니다.

살면서 힘들고 짜증스러운 날들도 있겠지만.
그럴때마다 옆에서 좋은 파트너십으로 "웃음코드,, 로
전환시켜드리겠습니다.

마지막으로 크진 마음과 배려가 약소하지만. "굼라돈,,
준비했어요 ^^ 보험이라는 "약속. 기념선물이라는 "약속,,
그 의미를 이 링, 상품에 담아 전달드리고 싶었습니다.

증권을 전달드리면서 제가 이 자리에서
더 빛날 수 있도록 여러분의 "소개 ,, 딱 3분만
부탁드려볼게요. 도와주실꺼죠~ 믿습니다..~
늘 대표님을 존경하는 빛나는 별이 되고싶은

"꽝인,, 이 윤희 올림 ~.

2025년도 1월 1일에 ...

To. 지금의 저성장 고세금 시대를 살고 있는
너와 나를 포함한 현대인들.

열심히 살고 있지만 그만큼의 가치는 (물가상승)
해결해 주지 못하고 있으니. 그래서 새로운
투자처을 찾아보지만 고수익 이는 늘 "리스크가"
있기 마련야. 안정적인 투자와 자산을 조금이라도
늘리고 지킬수 있는 매月 똑같은 돈은 같은 날짜에
강제적으로 납입하는 것이 가장 안정적이면서도
수익을 높일수 있는 방법이기에 이상품은
너에게 제 2의 삶인 노후 시대에 현명한
투자처라고. 감히 거정해본다. 다시한번
이러한 나의 생각에 함께 해주서 고맙고
함께 지켜 나갈 수 있도록 느껴할께 ~
이제 늦재 아이까지 다 준비했으니 마지막으로
"건강" 만 해라. 늘 고맙고 2020년에도
나줌 아니 도라줘 감사한 마음 늘.
고맙다는 표현 말고는 찾을말이 없네!

2020년 1月에 친구 YMC MMC

> **현명한 투자처라고 감히 자신해본다**

右. 김승만 고객님

기준금리는 또 내려갔고. 정말 저금리는 장기간
장기간 지속될꺼라는 우려가 현실로 되어버린
이 시점에 새로운 투자처를 찾아보지만 고수익에는
늘 "리스크가" 있기 마련이죠. 안정적인 투자와 자산을
조금이라도 늘리고 지킬 수 있는 방법은 매月 똑같은
돈을 같은 날짜에 장기적으로 납입하는 것이 가장
안정적이면서 수익을 높일 수 있는 방법이기에 이 상품을
추천드렸어요. 앞으로 장기투자저축(실속종신) 안이
제2의 삶인 노후시대에 현명한 투자꺼라고 강히
자신해봅니다. 다시한번 이런 저의 생각에 함께
해주셔서 감사드리구여. 축하드려요. 함께
지켜나갈 수 있도록 노력하겠습니다. 2020년기
코로나의 영향으로 상반기 힘들게 시작하고 있지만
점점 좋아지는 가운으로 힘내보시자구요. 증천을
전달드리면서 다시한번 좋은 인연으로 오랫동안
함께 하고 싶구여. 주변에 좋은분들 소개도
부탁 드려보아여. ~ ^^^ 늘 좋은 사람으로 곁에 있을께여

2020년○. 3月○. 아무아종기번 드림

♬ 작은씨~.

언제 얼굴보며 이야기할 날이 왔음 좋겠어요ㅆ
저도 젊은층에 속하는 생각을 갖은 사람이라.
(나이는 많지만요). 암튼 우리 친해져요 ~.
오빠 보험 가입 허락해 줘서 고마워요. 요즘
종신보험은 사망에 그치는 보험이 아니라.
생활비 전환과. 연금성전환이 가능한 스마트한
상품이라 요즘시대에 적절한 상품으로 많이
고객들이 선호해요. (걱정은 붙들어 매시구.
언제든 궁금한 사항 물어봐주세요 ~ ㅆ)
증권 보내드리면서 이거 저거 함께
챙겨 보내요 늘 감사한 마음라 아끼는
마음으로 함께 할께요.

              2024年 9月에.
                 윤희어새 ~

To. 지유씨~

언니 믿고 잘 따라와 주셔서
감사해요 ~~옳다~~ 생각하고 "20개월"
열심히 '롱잡돈, 모아봅시다.

그리구 인생 2막장 정말 나이들고
수입이 떨어질때 이 자산이
'알라딘의 램프,속 지니처럼 꼭
되어줄께에요.

준성오바가 상품권,, 노래를 불러서
ㅋㅋ 챙겨보내요. 구말에 장봐서
삼겹살 ~ 쏘주 한잔 해요

옷은 집에서 막 입으라고 해리에서
택때고 오늘께 장사하는분 사장님이 고객이라
싸게 샀어요 ^^ 지유씨가 명품이니
가치있을께에요. 소개도 꼭 부탁해요 지유씨~

다시한번 고맙고.~ ♡
축하해요.
늘 오빠랑 행복한 하루하루
보내길   바래요.~

2020년. 11月 6日
윤희언니 은20.

TO. 사랑하는 민아~
너의 10년 Life Plan에 누나가
함께 동장하게 되어 너무 기쁘다.

정말 하고 팠는데 . 너의 삶 중심에

들어가 재무설계 하니 뉴저거든.

누나는 껴줘서 고마워 ~ ^^.

각설하고 함께 목적자금 만드는데

희생해보자. 힘든순간이 올때에도

있겠지. 하지만 참아보자.

그리고. 이겨내보자. 돈 별수 없는 남들이

그거 막지않음을 우리가 알고 있잖니~

그리고 선물 ~

이제 건강을 지킬 나이.

숙취해도 힘든 새벽 야근이 낭이 되어

딸깨야~

해변앙 좋은거 알지?

우리 잘먹고 잘 살고 건강하자.

가족같은 우리

변항 없이 ~.

그리고 으전자보험 준비해야해.

너 원천하니까. 이제준비할께

많단다 ~.

2020년 10월 七日

누나이자 평생라인

右. 민강규, 김세영 고객님.

(배우해)얼굴은 뵙지 못했지만, 먼저 ^^ 지면을 통해

인사 드리게 되어 매우 송구하네요.

그래도. 저의 고객이 되어주셔서 매우

감사드리구 다시한번 축하드립니다.

좋은 인연을 만난 연고로 이제부터

민강규. 김세영 고객님 가정에. '보험,, 이란

보장자산 ,,을 안걸수 있게 되어. ~. 다시한번.

또한 맡겨주셔서 강사드리구여.

시작해주셔서 너무 다행이구여. 저성장

저금리. 고세금 시대에 최고의 상품이라고

강히 말씀드리고 싶어요 ~. 잘 되실겁니다.

늘 가정안에서 행복, 건강하시길 기도드릴께요

2020년 11月끼.

금융돌게미 아줌마 2종 &

Ps, 중원전달하면서. 약소하지만. 식사한번 하세요 ^^ ~

右. 현 창수 회장님.

저의 고객이 되어주시고. 저보다 더 큰 교보생명의 고객이
되어 주셔서 매우 감사드리고. 다시한번 축하드립니다.
만날 수 없는 인연을 제가 강히 만나 뵙게 되어
회장님의 가정에 "보험" 이란 보장자산을
만질 수 있게 되어 저욱 더 기쁩니다.

이제부터 "1년" 저승장. 지금지, 구세승시대에
회장님 계약하신 상품이 최적의 선택이 맞음을
강히 말씀드리면서, 늘 가정안에서 행복 건강하시길
바래보며, 하시는 사업가자. "방방" 터질 수 있도록 늘
함께 응원하겠습니다.

2021년 1月에

운웅골에서 이순리 올림

Ps 증권을 전달 드리면서.
   회송 "20만원" 식사비 넣었어요~. 약소하지만
   사오님 전달해 주세요. 사오님께서 송해주시
   않았으면 될 수 없었잖아요. ^^ 감사인사 드리고 싶습니다.
   "선생님, 감사드려요 "
   믿어주신 만큼 이 자리에서 열심히 뛰어보겠습니다.

6. 차성훙 고객님.

저의 고객이 되어주시고 제보자 더 큰 교보생명의
고객이 되어 주심에 감사드리고 다시한번 축하드립니다.
좋은 인연을 맏산 연고 이제부터 차성훙 부장님
직장이나 가정안에서든 보험이란 보장자산을 맏겨드림으로써
미래의 역경에서 좌절하지 않도록 늘 이자리에서
최선을 다해보겠습니다.
이제부터 시작 ~ 저성장. 저금리. 고세금시대에
보험으로는 늘 힘들지 않도록 함께 의논하며
함께 가요. 늘 사업체안에서나 가정안에서나.
행복. 건강하시길 바라며, 우리 차성훙 부장님과 같은 분
소개도 많이 많이 해주세요. ^^
　　　　　다시한번 감사드리고 축하드리며..

　　　　2024년　　3月에

Ps 증권을 전달드리면서 "골프웅,, 한박스 사세요
　제 마음이니까요 ~ (정) 감사한 마음 담아 이웃기

　　　　　녹양플래너 이슈희 파트너 드림

10. "밥풀코리아" 그 안에 특별언니

스크린 골프장안에서 처음 뵌 언니의 첫 모습은
그야말로 "포스" (ㅋ) ~

순간 이 언니는 마음속으로 다짐했어 ~ ♡

저 언니 갖고 싶다,, ㅋㅋ 저 언니 옆에서
지금부터 쭈-욱 같이 가야겠다.

울 언니 뽑핑PI배은 제가 관리해야겠다.

이런 생각들 이였져!
그리고 지금. 우리는. 특히 유니는. 언니가 너무
보고 싶고. 좋고. 의지하고 싶고. 등등
언니 감사해요. 제가 무엇이 되었든
이 자리에서 최선을 다하는 예쁜 동생이
되어보겠습니다. 믿고 밀어주셔서 너무
더해번 감사드려요. 항상 건강해주세요

　　　　　2024년 6월에 기업둥이 (ㅋㅋ) 윤미 올림

To. 두병씨

늘 감사한 두병씨

나는 정말 바른 재무설계사가 되고 싶었어.
재무설계는 고객이 월급이나 직업 등등 변수가
생기면 다시 보험을 재점검해주는것이 진정한
재무설계인데. 우리 두병씨는 그렇게 할 수
있도록 해주는 고객이었어! 대단해 참~
(역쉬 배운사람) 그래서 또 감사합니다.
두병씨 우리 영원히 오래가자. 우리
아이들까지 잘 자리 잡아주고 그렇게 살아가는
거 보면서. 이자리에서 늘 서로에게 힘이
되는 사이 됩시다. 지장 다시한번 축하하며
이제 하반기부터는 설계 꼭~ 부탁.
감사해요 두병씨~

2024년 6月에
항상 함께서 이은화

10. 방판코리아 크영상 대표님.

"인연,, ~ 변화령 수 많는 사람들 그 중이
대표님을 만나. 제가 꿈을 꾸듯
계양도 하고.

그 모든건 기적이있으까요? ^^

그렇게 제 고객님이 되어주셔서 다시한번
감사하고 축하드려요!

그 귀한 인연을 귀히 여기고 채움 그마음 처럼
변함없이 이 자리에서 자리매김 하겠습니다.

더 열심히 공부하고 보험으로는 힘들지 않도록
늘 곁에 있을께요.

항상 건강하시고 하지는 사업장이 번선되도록
기도드릴 께요. 그리고 필요한분들. 금융관련
간간히 소개도 부탁드려요~

2024년 6월에 금융파트너 아엔이

To. 남편.

인생을 산다는 것.
어른이 된다는 것.
부부가 된다는 것
부모가 된다는 것.

어차피 해야할 우리의 몫이니
기왕하는 거 "잘해보자„가 언니의 생각이야
"보험„ 살면서 꼭 필요한 "제도„
나를 대신해주는 안전벨트와 같은 것이라
믿고 따라와 줘서 고마워.
정말 어려운 순간은 매일매일 올꺼야.
하지만 부적같은 "보험증권을„ 부여잡고
다시한번 이겨낼 힘을 가져보자.
남영이의 헌신의 시간들이 쌓여 꼭.
큰 행운 느끼게 왔어.
                    2024년   9月에
                    유쟈영ㅅㅅ

To. 영인.

별처럼 수많은 사람들 그중에 영인이
너를 만나 이렇게 10년을 보내었고
다시 5년 60개월. 보내야 되는 이 심정이서.

지금의 지상장. 고세습시대에 내친구
영인아가 계약한 이상품이 최고의 선택이였음을
감히 말하고 싶다.

늘 가정안에서나 또 가정밖에서 행복과 건강이
함께 영원하길 바라며. 영인이 같은 사람
딱 세사람만 그게 부탁할께. ^^

이일을 오래하고 싶어. 그러려면 크게받고
이자리에서 잘 버티고 있는 방법밖에 없거든!
그렇게 힘써 줄께라 믿어.~
다시한번 축하라고 감지하며

2021년 11月에
너의 재정전담 이은미 대표올림

To. 윤숙씨.

먼저 제 고객이 되어주시고, 저보다 더 큰 교보생명에
차화의 재정재무 관리를 위임케 주셔서 감사드리고
축하드립니다.

저는 이 자리가서 2.0년째 고객과 함께 보험
"희노애락,,을 함께 보내왔습니다.

많은 일들이 있었고, 지금도 일들이 일어나고 있지만,
그때마다. 고객의 마음으로 늘 보험으로 인한 문제들을
해결하고 우선으로 해왔던 같아요~

가입하신 상품은, 저금리, 고세금, 저성장시대를 살고 있는
요즘세대에게 딱. 맞는 가장 이상적인 상품이라 말씀드리고

싶구요. 교보생명은 세계신용평가등등인 무디스라는 회사에서 인정한
AAA 등급을 인정받은 회사이기 때문이 고객의 자산을
어느회사보다 안정적인 수익율을 보장해줄 것입니다.
84개월 7년의 사강을 납입하고 기다리시면 그후기는
비보는 수지않아도 (공전) 계속해서 이자가 붙는 "복리수익,,로
윤숙씨 가정이 많은 도움을 드릴 것입니다.
그런데 여기서 말씀드리고 싶은 것은. 이 돈을
아무일 없이 납입하려면 윤숙씨가 건강하셔야 되는데

보장자산의 안전벨트가 묶여 오지 않아서. 염려가 되긴 해요

그래서 일단은 보장을 만들어서 보내 드려요.

사실은 (실비 + 지단) 플랜을 다 컨설팅 했는데...
            하셨으나. 패스하구여 M.

아무튼.

제가 이자리에서 가족처럼 지켜 볼께요 ~

"보험,, 폰이 보다 형한 세상에 꼭 필요한 자산이니까요.

가입은 어떤 플래너에게는 다 할 수 있지만

관리자는 (당당) 정말 중요하기 때문에, 감히 제가

너 ~ 우 잘하는 사람이라고 M 말씀드리고 싶습니다. (헤헤)

윤소씨. 저를 편한 친어나로 생각하시고 언제든

원히 해주세요..

P.S. 증권을 정말드리면서
    약소하지만 우리 예쁜 아이들. 맛있는 거
    사주세요. 제 마음입니다.
    언제 얼굴 한번 뵈요. 고맙습니다.

                    2023년도 14에 이 윤이 플래너 올림

호. 지금의

지성상

고세늚,을 피해 갈 수 있는

안전장치 ~. 강남부자들은 "보험,으로

구차가 된다고들 하는데 그

중심에 우리가 있어귀서 참

감사하네요.

선물~.늘 좋은 것이죠. (지난번 짝퉁

프라다 제가 선물합니다 (16 만원짜리,

그리고 밖값 "인권, 8만원 후원

드립니다. 마음의 "정, 풍시

선물을 받는것보다 주는 것이 더 행복함을 평생 실천하고픈

우리○강

To. 삼섭아

어느덧 아이들이 성장한 만큼
우리들의 시간 또한 익어가고 있음을
느끼는 요즈음. 네가 인천으로
와서 얼마나 좋은지. ^^.
그리고. 15년이 흐른 이 시점에.
너의 가족을 위해 또 하나의
보장 자산 + 저축자산을 준비하는
친구의 모습에서 가족사랑을 느껴본다
"이번" 길다면 길고 짧다면 짧은
이 시간을 함께 가보자구. 고맙구

Ps. 앵콜코리아 식구들 소개도 부탁해 본다.
내가 이 일을 잘할수 있는 유일한 방법은
소개,, 밖에 없기둥. 부탁해

너의 가게에 재방문을 꿈꾸며 윤해

To. 지은이,

지성장,

고 "지음"을 피해 갈수 있는

안전장치 ~ 강남부자들은 "보험"으로

부자가 된다오들 하는데. 그 중심에

민혜텁장님이 있어줘서 참 오마워요.

그 힘든시간 "10년후 민혜 텁장님 얼굴기

웃음꽃 100배로 피워 드릴께요 ~ ^^

알뜰한 사람은 저축부터 들지만. 현명한 사람은

보험부터 든다고들 해요 "

우리 현명한 사람들이 피어보아요

이윤희타 강인하게 함께 ~~~ ^^

Ps ~. 그리고 요건 만난기 재복강동네이랑

사드려여 ~ 내마음. 소개좀 해주구 ~

제발요 ~.　　　　　From. 당신의 곳엽우리의 이윤희 올림

"

알뜰한 사람은 저축부터 들지만

현명한 사람은 보험부터 든다고들 해요

"

✗ 이장원 대표님

지금의. 저성장 고세금 이시대를 살고 있는
현대인들 열심히들 살고 있지만 그만큼의
가치를 (물가상승율) 해결해주지 못하지. 그래서
많은 투자처를 찾아보지만. 고수익에는 늘
리스크가 있기 마련이구여 안정적인 투자와 자산을
조금이라도 늘리고 지킬수 있는 방법은 매月 일정한
돈을 같은 날짜에 장기적으로 납입하는 것이
가장 안정적이면서도 수익을 높일 수 있는 방법이게
이상품 들을 대표님에게 전해 드렸어요.

백세시대를 이미 넘어선 이시대에 현명한
투자처,, 라고 감히 자신해봅니다. 다시한번 이야기
저의 생각에 응해주셔에 감사드리구 대표님의
공략들에나고 조금도 부족함이 없도록 늘
공부하께 이자리에서 늘 자리매김 하겠습니다
선물가 마지막에 콜라하여 사원 님께 하나 케비해께 보내서

To. 우병완 고객님

기준금리를 뚝 내리고. 정말 저금리를 장기간
지속될게라는 우려가. 현실로 되어버린 이 상황에
제3의 투자처를 찾아보지만 고수익에는 늘 "리스크가"
있기 마련이죠. 안정적인 투자와 자산을 조금이라도
늘려 지킬수 있는 방법은 매月 똑같은 돈을 같은
날짜에 장기적으로 납입하는 것이 가장 안정적이면서
수익을 높일 수 있는 방법이기에 이 상품을 주권없이
부동산과 장기투자저축 (실속중심) 만이 제2의 삶을
노후시대에 현명한 투자처라고 강히 추천해드립니다
다시한번 이런 저의 생각기 함께 해주셔서
감사드리구여. 축하드려요. 함께 지켜나갈수
있도록 노력하겠습니다. 2020년에도.
"코로나의 영향으로 상반기 힘들게 시작하고
있으시겠지만. 점점 좋아지는 가운으로 힘내보시자구요
중권을 전달드리면서. 아이들 맡아논 간식비
책에서 보내여 ∿ ∼ 소개도 꼭 부탁드리구여. (^^) 조월이

To. 윤희씨~

항상 그 마음으로 지켜봐주고.

변함없이 의논해주고 추가계약도

알아서 믿고 해줌이 늘 감사해~ ^^

종편파일 보낼께. 정리해서 잘 넣어두고.

10년이든. 20년이든. 나도. 윤희씨도.

이름같은 "동기,, 마음도 같기를 바래보네.

건강하고, 가정안에서 늘 평안하시길.

2022년 21년보다는 더 행운이

사회적으로든. 개인적으로든 오길 바래있어

새 달력과 함께, 몇자 적어 보내~

P.S. 갓김치와. 상품권 넣어보내니.

주말에 가족들과 삼겹살 구이 한번해 드셔

더 주고 싶은 내 마음 알지? 소개도 부탁하고

어린이집 선생들알아 ~ ^^   13년째 너의 재무설계사 윤리깡

10. 브랄 ~.(친구를 부르는 용어)

아들사랑. 그래서 자식사랑이지.

우리 아이들이 우리보다는. 더 잘되길 바라는

마음은. 우리 엄마때나, 우리때나 같은듯해.

이 아이들이 자본주의 안에서 살아갈때.

"경제적 자유,,로 힘들지 않도록 해주려고

열심히 뛰는거 잖아 ~. 브랄. 자금은

빡세고. 우린 여유롭지 않을 수 있지만.

후세들이 더 잘되게 조금 더 고생하자.

우리의 열성히 자녀들에게서 빛을 발할수

있도록 말야. ~ 네가 나의 브랄친구라

너무 행복하고 고맙다. 40년동안 내 옆에

있어주고, 친구로. 고객으로. 가족으로 있어줘서

많이 힘이 된다. "친구,, 우린 친구가 아니라

브랄아이가 ~ㅎ? 건강해라.

　　　　　너의 영원한 금융플레너 YUN HEE ~

III

연금 편지

To. 서규철 고객님

먼저 묻지도, 따지지도 아니하고. 저와

저희 더 큰 평생평,,을 믿고 가입해주셔서

너무 감사드려요. ^^

요즘같은 백세시대에 연금,의 마음을 가진

저축 상품만큼 좋은 자산은 없더라고요

저금리, 저성장, 고세금,, 한국사회의 가장 큰

문제~ 그 아니도 '트리플악재,,를 벗어 날수

없는 현실인거죠. 그래서 반강제이지만. 저축그릇에

다시한번 감사드리구요. ^^ 제가 정직하고 바른자세로

이 자리에서 삶임 잘 할수 있도록 공부도 열심히

더 하면서 최고의 금융파트너로써도 옆에

있어드리겠습니다. 다시한번 축하드립니다.

그리고 "소개,, 꼭 부탁드려요.

2017년 11月이

이윤희 ♥ 올림

"

연금의 이름을 가진 저축상품만큼

좋은 자식은 없더라구여.

그야말로 트리플 악제

벗어날 수 없는 현실

"

김 이설. 맨쉽 고객님

갈퍽질퍽한 이 시대에 저숙하기 고연의 그리고 고예술
형성이 쉽지않는 무지미친 나락 "프리드 막겨" 리듯
하지만 이런 때 일수록 "시간의 힘"을 얻는 것이
가장 안전적인 투자 비법인 것은 자명한 사실인듯 합니다
다시한번 교생연의 저가 김이설 맨쉽과 고객님의 마련한
자산관리를 위하여 늘 진검하고 재공비 할수 오는 여러분을
만들기에 모자람이 없도록 되어 보겠습니다.

                              2014년 9월에 마음의 선물임

증표를 전달하면서 ...
이제 노후증이 힘내게 되려면 건강이 우엇보지
중요하심에서 항상 한상차식 드시고 자작하시자하여
그래서 저기 (ㅅㅅ ~ 증버있어요)
그리고 약소하지만 금일봉 (100 000)원 함께
넣어보냅니다. 이번주 주말에 네 가족이 "상경골 파티,
라도 꼭속 하세요. 제 마음의 선물이그라.
저축하지 않고, 최고냥, 야고냥, 구구 선물은 쓰여야
되는거에요. 아시조? 알뜰한 우리 이연계금 ~~ ^^

포장분석한 것 듣고 곧 집으로 방문할께요.
으의 여겨 가자구요! 제가 이자리여서

右. 기훈

보험이란? 건강할 땐 원수
　　　　　아플땐 생명의 은인

나는 보험설계사로 13년을 일하면서
단 한번도 보험상품을 의심해 본적도
부정해 본적도 없었던 것 같다.
요즘같은 시대엔 더욱 더 그렇구.
무병장수 시대가 아닌 유병장수 시대 이니까...
평균수명 100세.
질병수명은 40세부터라고 하는데. 실상
많은 고객들이 보험금 지급사례,, 혜택을
받고 있는 것을 현장에서 많이 보고 있어.
그래도 내 고객들은 아프지 않았으면 하는
바램이 있어. 특히 기훈씨는 더욱 건강하길
바라며. 제 고객이 되어주심이 감사 감사^^
화이팅하 로게너오 자리매기 할께요   유희경~

To. 수진씨~

우리나라에서 가장 큰 3가지 리스크는
저성장, 저금리, 고세금 이라고 합니다.
열심히 사는 우리 젊은이들, 직장인들에게는
트리플 악재인거죠. 그래서 잘사는 방법은
모아둔 것을 묻어두는 것이 "3가지" 위험리스크에
벗어날수 있는 유일한 길입니다.

장기투자, 그리고 (복리)의 마술.
시작이 반이라 했으니. 우리 한번.
열심히 납입해 보시자구요.

다시한번 노후에 대한 준비시작한것
축하드리구여 저도 이자리에서 늘
수진씨 가정과 금융관련에 대해선 좋은
파트너가 될 수 있도록 더욱 힘쓸께요.
소개도 부탁드리구여 ㅅㅅ~

P.S 중위권담마쳐서 약속이지만 주말에 가족들과 외식행복하게
            드시구 오세여   이유정72

To. 영준씨,

무더위에 잘 지내고 계신지요?

가입축하, 다시한번 인사드려요. (축하합니다)

증권을 정리하고 전달하면서.

약소하지만 "선물" 보내요.

이제 영준씨 노후에도 끊임없이

나오는 월급통장 만들어 놨으니.

그것을 채워 놓을 수 있는 "적금"

의미있는 선물이 될꺼라 믿어요 ^^.

그리고, Cife card 함께 보내

(여자친구와 맛있는 점심 사드세요.~

　　　　　감사하구요, 건강 늘 챙겨요.

2017.12. 7월의 고봉
　　　　　아윤해 0.20.

To. 미정씨

학회에 다녀왔는데 교수님께서 강연하시길
지금 우리나라는. 재수없으면 노후가 10년
더 길어지는 삶을 살 수 밖에 없다고 말씀
하시더라구요. (너무 우울했어요)
요즘 금융트렌드는. "강제저축,, 금리가 중요한
끄이 아니라. 얼마나 "모았느냐,, 이더라구요

트리플 악제를 가진 현재 우리나라의 즈으라는
고물가, 고세늄, 저상장,,
힘들지만. 또 이렇게 10년뒤. 그리고 20년뒤
를 준비해온 미정씨에게 제가 다시한번
감사드리고. 박수쳐드려요.
우리 서로 재무제표을 서로 나누며. 단 증 장
을 함께 준비해 가보시게. 그 뒤에는
제가 항상 있을 테니까요. 그래여 !
아무걱정말아요 (ㅋㅋ)

          2004년 6월에 금융디트너잇 아운희 올림

ⓣ 명환 고객님께

먼저 어렵지만 쉽게 결정 해 주셔서 너무
감사드려요. 해약이란 손실을 보면서도
저의 이상적인 보험에 대해 함께 동참
해 주시고 이해해주시고 믿어주셔서 제가 오히려
감사하고 피숙더 보장 플랜과 노후(연금)에 대한
제안을 잘 해드리고 끝까지 함께 해야된다는
책임감을 더욱 갖게 된 시간이었습니다.

"보험, 이라는 공통된 화제를 두고 사는 짧지만
긴시간들 꼭 기억하겠습니다
늘 건강 챙기시구여.

℘ 승진을 진급하면서 "삶, 좋아하시는 것 같아
매장가서 명함지, 명환고객님께 ^^~ 잘 어울릴 것같은
아이돈이" 도 골라보고 저빴네요. 선물을 드릴 수
있다는 "행복감, 을 언제나 믿음 갖게 해요.
제 고객이 되어주셔서 정말 감사드리구여
명환고객님과 같은 "고객, 소개 부탁 드려요 ~^^ 아윤희씀
          2012년   9월 23일 사무실에서.

달님씨, '모든사람이 이괴의 역경에서 좌절하지 않도록 도와줘

교생생명 아윤희 교장입니다.

달님씨와의 만남도 어느덧 9개월이 되가게요.

따뜻한 10대. 20대를 거쳐 40이넘은

나이에 접어 들지... (음 ~ ㅆ.) ...

세월의 유수함이 참. 무섭다는 생각이

드는 이시간. ...

우편을 보내면서 몇자 적어 봅니다.

마음이 통하기를 바라는. 마음에.

그날 직접으로 내방해 준 달님씨의

마음. 그리고. 대화.안에서 서로의

자리를. 서로의 기본적인 마음을 다

느꼈을께라 봅니다. 하고 싶은 말은 이제

저 또한 삼척 접어두려고 합니다.

이미 마음과 생각은 다. 알았기에

(ㅆㅅ) 충분합니다.

손정생각을 단편적으로 이었습니다.

처음 어중의 목적을 가졌던 단남씨의

목적대로 시간을 투자마고 그 시간 만큼의

현상으로 경제적으로 재테크 지는 것이 되었음

종겠주요. 기간수일늘 만큼. 그러니까~.

2012년 3月에 가입했던 그 시장 만큼의

어중수익을는 지금 현재보다 더 크다늘

사실을 잊지 말아주시고. 힘들게 그ₙ매x

별. 이돌들이 월래 상태대로 유지했가

정말 바라는 마음 아니다. 이미 먼저

가입한 비싼제또 어강상품이 결과를 말여주고

있수요. 그래서. 없보강 실적흐행 같이

동봉해 보내니 ~ 꿈꿈히 읽어주길

바래요. 나늘 길끼기에서 단남쌔을

만난 것도. 계칙을 통해서 가입을 시킨

사간이 아니었잖어요.

누구보다 그 누구보다도 이 자리에서

많은 그 대들과 똑같이 대우받았던 선장애기

달냈으나, 그 수많은 그대들에게 한점 부끄러움

없이 계약을 해왔기에, 저 또한 마음이

아팠던 것 같습니다.

보다 더 많은 사람 인연의 소중함을

깊이 알고 가기를 바래며.

날씨 추운데 마음까지 춥지 않게

건강 관리 잘 하세요 당신에게

PS   감사는 단순히 그때그때 느껴지는
고마운 기분의 정서적 반응이 아니라, 생생하게
기억하려 인식과 의지의 영역이다. 대부분의 90%의
사람들은 늘 바쁜 일기 쫓겨 지쳐 살아서 이미 받은
선물들을 제대로 기억하지 못하고 감사를 느낀 채
살아간다. 감사의 비밀을 아는 오직 10%의 사람들이
기억하고, 감사를 표한다.
그리고 그들은 더 풍성한 삶을 누린다.
                              이 승희 드림

To. 윤선아.

친구 사이가~ 무슨 조건을 내걸지 않아도
그냥 믿어주고 이해해주는
그래서 "친구" 는 정말 소중하다, 란
생각을 다시 하게 되었다.
먼저 빠른 결단으로 친구을 얻고.
기쁘게 싸인해줌을 고맙게 생각하며
세약 축하해. 묵돈 마련에 꼭
도움이 될꺼라 믿는다.

P.S 승권을 전달하면서.
약소하지만 겁스트 하나
사서 발라~ 귀여운 윤선써~
늘 건강하고. 사랑해. 고맙고.

                    2014년 시月
            서울병에서 너의 친구 Hee

16. 성아

이제부터 10년.

10년 납입 3년 거치. 그리고 비과세 시작

자성장 지금의. 고세금시대를 피해갈수

있는 최적의 상품

님 분명 부자가 될꺼야 ~

우리 20대의 커피마시며

우리 돈 이겨가도 모아나서 다행이야

라고 말할 날이 곧 오겠지.

그날을 기다리며 그려본다.

친구야 사랑해

Ps. 모아모아 도깨해져서 고마워

상품권 십만원
보낸다
명정에 써 ~

24년 11月에 너의베스트프랜드 윤희

To. 미진씨.

틈틈히 노후에 대한 준비를
차곡차곡 (준비) 해주셔서 축하드립니다.

복리후생이 완벽하지 않은 우리나라에서
살아 갈 수 있는 유일한 방법은.

평생소득을 준비하는 (연금) 이라는 자녀를
낳는 방법임을. 익히 알기에. 저 또한

저의 고객님들께서 노후에는 지금보다
편안한 삶을 살아가셨음 하는 바램이

있기에. 함께 축하드립니다.

항상 믿어주시고, 의뢰해주셔서 감사드리며
증원을 전달드리면서 ...

주말에 맛있는, 따뜻한 함께 식사 대접
넘어보냅니다.

2024년 3月에
미진씨의 편생 비자 과사랑과사 아유림을

"

평생 소득을 준비하는

(연금)이라는 자녀를 낳는 방법을

익히 알기에

"

To. 오한성 강사님.

돌고 돌아 이렇게 또 인연을 맺습니다. ^^

먼저 부족한 저에게 자리를 맡고

믿어주시고 경청해 주셔서 감사해요

제가 사시는 동안 보험으로는 덜 힘들도록

무단히 노력하겠습니다.

보험은 우리에게 삶의 바닥에서

다시 일어날 수 있는 힘을 준다고 하잖아요.

무엇보다 건강하셨음 좋겠구여

이제는 마음 편안하게. 건강챙기 면서.

함께 격려하고 응원하여 동행해봐요.

주말에 상계탕이라도 사서 드시라고

약소하지만. 달걀 넣으어요 ^^ 곧 복날이랑.

돈이아니라 마음을 넣으거니 감동 받으셔도 되요

감사합니다.

2023년 7월 7일

이 윤리 올님

10. 나의 벗 그리고 고객님께. ^^

이젝 가수에 그대를 만나고 그대를 만걸수가 있어서..

라는 노래 가사를 나는 이렇게 너에게

불러주려해!

 항위이 대여없는

가 인생 재수없응 10년 더 산다,,고 하더라고.

고물가. 고세금. 자양량, 우려를 어누느는 것들

이지만 지금부터 시작이야. 잘 헤쳐나가보자

늘 건강 챙기고. 온리도 따지지도 않고 우리반

믿음으로 즈수한 마음으로 계약해 줘서 고맙고

보험으로는 힘들지 않도록 늘 너의 곁에

있을께. 그리고 소개도 부탁하고 ^^

2024년 6월에 너의 개명씽께 윤희

To. 언니 제안서 넣어 보내드리
면서.
주말에 예쁜 딸들과
하나씩
드시라구 넣어 보내요
마트 가서 큐 (노래방 새우깡)
준비해 보고 혼자 웃네요

숙드신 다음 제안서
보세요 ~ 보기 싫어 질께에요
복잡해서. 그냥 믿고 하는거지
뭐래 ~ ㅎ.ㅎ.
                    연회

일단 연금개시는 앞으로
땡길수 있다.

(65세 &
  70세 Plan. 보내드려요.

① 31만 + 16만 (일생)
   ⇒ 65세 , 70세

② 50만 + 16만 (일시납)
   ⇒ 65세 , 70세

인생 1막장은 젊고 유능 하다가요.
인생 2막장은 늙고 병들고 없는 것이
아니라. 노력하는 설계를 미리해서.
힘없고 능력없고 늙고 일없을때의
제 2의 삶을 대면해 주어야 된다고
생각합니다.
항상 종종히 보시고~.
너의 많은 교만을 하지마세요.
충분히 으즘만 Plan이 되세여요.

Lee Yun Mee 소중 Ums

IV

계약 후
추가 계약을 위한
DM편지

TO. 미애언니.

0점 인연 가운데 그래도 여기 이자리에 너를 듣고 있었더니. 언니가 또 나의 추가 계약 고객이 ^^ 되었네요. (ㅋㅋ 감사해요.

보험은 미래의 역경에서 좌절하지 않도록 도와주는 사회보장 제도이 좋아요.

이 일을 10년동안 하다보니.

생각보다 많은 분들이 보험 혜택을 받으시더라구여!

이번 상품은 정말 후회없는 선택이 되실거에요. 제가. 10년은만큼 또 10년.

그래서 승수도 관리해주구 또 10년하여 승우 아이들도 관리하는 최고의 보험 관리자가 되어볼께요. 다시한번 축하드려여...

가입선물로 금일봉 (5만원) 보냈어요

주말에 가족들과 상견파티 하세요.

그래도 기분이 좋아요. 그러구 소개도 부탁 드릴께요. 감사해요.

2016년 5月
ㅅㅇ 이가율

누가 그러더라구요.
그시간은 다시 돌아오지 않는다고요.
인생은 60부터 제 2의 인생
인생전반전보다 인생후반전을 더 해피하게
살아 갈 수 있도록 원장님 지금처럼만
더 건강하게 일하며. 즐기며..
하실 수 있죠?
늘 고맙습니다.
그리고 사랑합니다.
몇년만에 다시한번 증천을
전달하면서 우선가을 또 준비해
드렸다는 뿌듯함으로 ^^
2017년 가을의 문턱에서
아윤희 팀장 올림

To. 2010년이 밝아서 우리 벌써 "14"년의 연을
이어가요 있네. 그 세월만큼 우리 아이들이 벌써
중학생이 되었구~

네가 언니의 고객이 되어 줌이 늘 감사해.
평생 보험으로는 힘들지 않도록 지금처럼
그 자리에 있을께. 그래서 자선씨가 필요 할때
알라딘의 램프 속 "지니"처럼 뿅하고 나타나서
해결해 줄께뇨써~!

아프지 말고 늘 건강하게 무병장수,, 하자.
이 또한 신의영역 이지만. 항상 감사함으로
사는 너와 내가 되자구.
가입 축하하고. 재원이 용돈 5만원 보낼께. ~

P.s. 세상에서 제일 맛있는 한끼는
마음먹기 입니다.
늘 사랑해.   은희 언니가~

"

세상에서 제일 맛있는 한끼는

마음먹기 입니다.

"

友. 미화씨~

2010년 그리고 2021년 10년이
흘렀음에도 변함없이 그 자리에 있어주고
이거 알아서 연락해주고 고마워요 ^^.
함께 가는 인생길에서 적어도 보험으로는
힘들지 않도록 이 언니가 신경쓸께요
무엇보다. 건강해야 되는게 맞구~.
증권 정리해서 보내요
일만 아프셔서 병원갈일 있음 먼저. 저에게
물어보고 움직이는 거 잊지 말구요.
다시한번 부족한 부분. 증액해서 축하하고
가정모두 두루두루 평안하시길 늘 기도할께요

Ps. 신랑도 소개시켜주요. 좋은주변 친구들도 소개도
부탁해. 미화씨 ~. ^^.
그리고. 함께 해주고 믿어주셔서 다시한번
고마워요. 2021년 11월기 윤희 언니.

To. 소현선배님~

항상 한결같은 마음으로 지켜봐주시고
변함없이 이끌어 주시고 추가계약도 알아서
해주시는 우리 선배님이 옆에 계셔서
저는 정말 많이 힘이 됩니다.

요즘 트랜드는 그냥 "강제 외출,, 이랍니다
선배님이 "역,, 플랜이 끝날 때쯤
건물주가 되어주시길 그래서 그건물에
화재보험도 제가 맡아서 할수 있도록
저는 기도하고 희망을 가져보렵니다.
선배님의 열정. 저를 정성에 큰 박수를
보내며 선배님 사랑합니다.

2024년 6月에
달랑 둘께년 이윤태 드림 🧾

To 밥풀코리아 대표님.

종친편지 두번째라면서를 씁니다.
바쁘게 살아오션 당가는 인생 그막장에 있는 꺼 같습니다
자영업을 하는 고객사 사장님들을 보면 늘 살얼음판이 많아요.
그래서 "물들어올때 노저으라하고. 바람불때 연날리라,, 하는
아유이갰져. 저를 비롯한 이 시점부터 대표님이
퇴직후 힘들흐름이 현깃이 오늘때보다 더 자유로와지길
저는 늘 이곳에서 Plan. B를 준비하고 꼬낄습니다.

지금의. 저성장. 고시능 시대기 살고 있는 우리가
극복할 수 있는 단 하나는 "존버 정신,, 인 것 같습니다.

존나. 버티면. 뭐가 되었든. 다 이늘누 있다고
하쟎아요~ 시작이 반이라고. 이제 82개월 남으셨어요
(헤비) 평생 제가 곁에서 든으로는 힘들지 않도록
든든하게 지켜드릴께요. 단(돈은 못꺼드립니다^^~ ㅋㅋ)

개같이 벌어 정승처리,, 쓰라는 이말은
노후에 실현하실 수 있도록 하시려~
믿고 가입해 주셔서 다시한번 감사드려요 대표님!
소개도 꼭 부탁드려요

2024년 12月 에

평생동드라 드림 이 슬 드림-

"

퇴직 후 현금 흐름이

현직에 있을 때보다 더 자유로워지길

저는 늘 이자리에서

Plan Be를 준비하고 있겠습니다.

"

To 은주씨.

인생을 살아간다는 것 자체가
리스크,,라고 우스개로 이야기를 해요 (껄)
할일도 많고 해야 할일도 많은 삶의
과게에서 하루 하루 열심히 살아가는
윤대가 있기에. 아름은 인생이 살만하다
말들을 하죠.
이제 또 추석이 다가오네요
가족들 모두가 편안한 명절되시구요, "명절,,
잘들지을 하나 같이 보내요 제이나까요~
그리고. 은주씨 곳원에 최무법 이어서
계속이성 될것 같아요.
하는은 스시 대로 너은방 되요.

2024년 9月에
은주씨 가족의 재정들께서 이윤희 올림

To. 한은주, 김흥남 고객님

이렇게 20년을 또 고객과 함께 지내오면서
좀더 제대로 된 서비스를 해드리겠다,,고
마음을 다해 온 세월인데...
그래도 저에게 "잘하고 있다,, 라는 말을
스스로 해보면서. 증권을 전달드립니다.
증권을 보내드리면서 흥남씨 증권분석을
해서 함께 보내드려요 그리고
요즘 의료기술발달로 치료비와 시술방법이
많이 바뀌어서 해당없었던 특약들을 컨설팅해서
보내오니 검토해 보시구.
연금보험도 추천드려 봅니다.
이제 노후에 대한 준비 "타이트하게 하셔야될,,
상황인듯 해요~. 언제든 상담전화주세요.
명절 잘 보내시구요 늘 감사합니다.

2026년 2月에 이 영아대표 올림

To. 신 영안 ~
영 영원히 ~
안 안아줄께. 함께 가요 쭈욱~

(ㅋ ㅋ)

말하지 않아도 내 맘 알지.
애들 충천 저에께는 버리고 그안에
오로지 바꿔줘요.
하는 거 없지만 언니한테는 외~ 쫑
떠 주면 쫑지. 외!
가을 ㄱ 하나 사입어.
　　　　　　　　　　영안이의
　　　　　　　코디 윤희 ~

TO. 경애원장님

치면권 노인 요양센타에서 공부를 하는중에
센타 입구에 이런 액자가 걸려 있었어요
"66 나 늙어 노인되고
      노인 젊어 나았으니
   나와 노인 따로 없다"

그리고 저의 회사 근처에 음식점
벽에 좋이로 써 붙였던
   "99세 이하 금연" ^^
엊게 없나 싶을 정도로 우리 나라는
세계 최고의 고령화속도를 자랑하고
있다는 어두운 현실속에서
확실한 노후준비, 기쁘게 받아
드리며, 함께 가볼때까지 가보려구요

윤애씨

두 아이들 보장, 윤애씨 보장 자산을 준비해 주셔서
너무 다행이예요. 제가 더 한시름 놓여요 (ㅋㅋ)
보험이란게 없음 광장히 불안한 상품이기든요.
백세시대 함께 내몸에 붙착시키고 가야되는
"안전벨트,, 같은 꺼이기에. 그리고 알라딘의 램프속
지니처럼~ 위험하고, 위기가 왔을 때 "딱,,하고 나와주는

윤애씨~
보험은 과해도. 부족하다고 생각하는 .. 이강이 만든
최고의 상품이라고도 해요. 우리가 잘살기 위한 안전제도이니까!
제가 늘 함께 있어줄테니 아무걱정하지 마세요.
그리고 한가지 더 우리나라는 앞으로 계속
은행금리가 내려갈꺼예요. 그래서 많은 사람들이
자금의 되지 이동을 시작한지 오래되었어요.
제안서확인하시고 우리 아이들 어릴때 등등을 모을 수
있도록 해야되거든요. ~ 어려운 살림이지만 따질수 없는
교육자금이니 한 보시고 시작해보시라고 넘어보내요.
→ 장기하라면 7년 04개월 내고 3년 거치 후
      시장전앙 비라셔 - 이자는 계속 붙는 상품이예요.

→ 함께하시구요

→ 아시죠? 고마운 마음 담아
   (이오가 최긴+짜자) 쏘는 날 써 해에

주변분들도 소개 꼭 부탁드릴께요.
   ~ 감사해요 ~

2년에는 꼭 꼭 · 꼭 와나요.

To. 김정균 고객님

제 고객이 되어주시고 저보다 더 큰
교보생명의 고객이 되어주셔서 매우 감사드리고
다시한번 축하드립니다.
정균씨 가정이 보험이란 보장과산을 안길 수 있게
되어 더욱더 기쁩니다.
계약하신 이 보장을 깨기고 저는 말씀드린바
이자리에서 보험으로는 헝드시지 않게
자리고수하며 잘 지켜드릴께요.
건강만 하시면 됩니다.

P.S. 그리고. 소아도 여러고 하니. 가장으로써리
        준비덜만할듯 항보시고. 참고하세요
        우리 소아가 성인이 될때까지는 여떤 이유에서라도
        아프거나, 다치거나 하싱 안되는 일이니까요.
        안전벨트는 꼭메놓아야 해요
        2년 84개월 넘인자고 ~ 넘드시면 이자가 계3 붙으면서
        내용안내 보세요 ~

V

부모님께서
자녀 계약을 이행 후
자녀에게 직접 쓴 편지

To. 소영언니.

언니. 새해 복 많이 받으세요. (ㅋㅋ)
말로도 인사하네. ~.

늘 아프지 마시구여.

우리 형규 정말 이쁘게 잘 커준것
제가 더 감사해요.

그리고 어늘이 된 우리 아들에 대한
보장준비. 정말 멋진 엄마여 ~ ^^.

제가 언니 곁에서.

그리구

형규 곁에서. 보험만큼은. 확실하게
보장 받을수 있도록 노력 할께요.

늘 믿어주시고. 인정해 주셔서
감사해요.

이번 주말에 상겹살 파티 ~
하시라구 금일봉 넣어 보내요 ^^.

사랑합니다. 언니.

　　　　　　　　　　2016년 1月
　　　　　　　　　　　은정

To. 한천고객님.

증권을 정리하면서 부모님의 사랑을

다시 느꼈던 시간이었습니다~

이 증권은 부모님께서 미래의 역경에서

좌절하지 않도록 만들어 주신. 귀한

선물이니. 후에도. 잘 이끌어 나갈 수

있도록. 늘. 챙기실 바랄께요.

보험을 가입하고. 건강한 것이 최고의 복이지만.

인생의 생노병사는 신의 영역이기에.

보장자산을 미리 준비해주신 부모님께 다시한번

감사드리며. 한천씨 늘 건강하십시오.

원의 지하는 늘 걸어다니는 이이 4개18 상이고

여쭤주시면 됩니다. 가입축하드리구여.~

2019년 4월
양당골내 아줌마 드림

To. 재홍씨~

보험이라는 공통의 주제를 놓고. 이런 저런.
이야기를 즐겁게 나누었던 것 같아요.

능력있고 멋있는 재홍씨를 저의 고객으로
만나게 되어 그 또한 감사 하구요.

증차을 정리하고 전달하면서. 더 잘 챙겨야
겠다는 생각을 해봤네요 (ㅋㅋ)

저는 13년동안 많은 고객들에게.
당신이 아프다면, 당신의 노후준비가 현재
진행되어 있지 않다면.... 늘. 어두운
이야기만 전해드렸지만. 돌아보니. 그래도
많은 고객들이 저에게 고마워 하고.
"감사하다, 고 말씀 하시더군요. 이런것이 제가.
이 일을 하는 이유이겠지요~

재홍씨.

미래의 역경에서 좌절하지 않도록.

보험이라는 안전벨트,,를 준비하셨으니.

함께 건강하고 해피한 인생 설계를

그려보자구요.

증권을 전달드리면서. 약소하지만.

벨트 하나 사서 보내요.

이제 더 허리 졸라매고. ^^. 준비해야

되잖아요. (참 의미있게 이야기도 하죠)~

그리고 아쉬운 마음에 life card,,도

준비해서 보내요. 주말에 윤주씨와

맛있는 점심 사서 드세요~. ^^

Ps. 그리고.
    재홍씨와 같은 분 소개도 부탁드려요.

2017년도 1月에

그때의 지내며 이윤희 사랑드려

To. 제이씨~

많은 고민들과 생각을 통해. 세상에
하나 밖에 없는 채미를 위해. "1억" 이란
보장자산을 준비해주신 두분모님께
당당 폴레너로 다시한번 감사와 축하를 드립니다.

이 보장자산을 통해. 채미양에게 혹여라도
미래의 역경에서 좌절하지 않도록
도움을 줄 수 있는. 교보생명과. 그리고
제가 될수 있도록 끊임없이. 소통하고.
공부하겠습니다. 성인보험 가입을 다시금
축하드리며. 늘 건강하시길. . . . 소원합니다.

　　　　　　2019년 4월에.
　　　　　－당당 폴레너 이은미 메쎄드림

장지만. 마음의 선물과 함께. 보냅니다 ＾＾~

To. 정현씨

어려운 결정이 있을 텐데... 잘 결정해 주시오.

믿어주시고 신뢰해 주셔서 감사드려요.

긴 이야기는 하지 않을게요~ (직접 보여드리는걸로)

이제부터 보험관련된 그리고 금융관련 된

모든 것들은 제가 잘 해결해 나가도록

늘 신경 쓸께요. 부모님께 좋은 큰 아들로

자리매김해 주시는 것 같아 제가 다

감사하고 마음 따뜻해지는 것 같았어요.

언제든 연락주세요 ㄱ (번호 입력해놓으셨죠?)

그리고 주변에 좋은 분들 소개도 부탁드려요 ㅆ.

P.S. 주말에 일이든 눈이든 즐거운 하루 되시는데
기쁨 두배 되시라고 "금일봉, 넣어보내요.
제 마음의 "선물,, 이나. 기쁜걸로 하루 되세요.
2020 . 11 . 6 D   이유태상드림

To. 요한아

층청 정리해서 보낸다 우리 요한이가
아름게 커서 꿈을 꾸니 참 기특하다
늘 응원할게.

오는길이 있으면 언제든 누나같은
이모에게 전화 C에 해주~.

글로 아내것도 보장받아 해줄테니. 가능한
시간되면 연결 해주~. 한사람이
관리하면 편하 잖아!~

증원 보내면서. 서서비 초등 보낸다
통닭한마리에 맥주 한잔 먹으며.

꼬옥 독일대항전 경기 응원해야지.

이제 으거 요한이는 언능 하~. 갑작재안
더 조바하면 연벅은 어니지만
변은 그베가 되는 듯 하다.

천천히 함께 즈베 해보 자.

        늘 요한이 곁에서 으뮤 이모가
            두든하게 지켜즐께 ~~

    2022년 11月에 이따 ~~

To. 은유에게

인생을 살아가면서, 사람으로 태어나서 ! 해야 될 일이
너무 많았고, 지금도 진행 중인 세상안에서.

너 아버지와 어머니의 오랜 벗이자, 금융플래너인
내가, 인생이란 긴 여정안에서 꿈과 목표를
향해갈때 안전하게 항해 나갈 수 있도록
보장자산을 준비해 주었단다.

혹시나 문제 발생시 항상 이모같은 나에게
꼭 연락해주길 바래.

(이은희 플래너: 010. 4718. 7501)

은유야. 세상을 다 갖기를 바래
그리고 목표를 이루기 보다는
은유가 하고 싶은 삶을 살기를
응원할께. 하고픈 일이 곧 목표가
되는 것이니까~
날마다 행복하게 하루하루를
만들어 가길 바래. 파이팅

2023. 4월 28일
(주) 광성생명 이은희 대표

To. 은지씨.

은지씨의 "보장과상을,, 부모님께서 준비해 주셨기
다시한번 제가 더 감사드려요.

인생이란 긴 항해를 갈때 은지씨가 덜
힘들지 말라고 안전하게. 아름답게. 삶을
살아가라고 "보험,,이란 안전벨트를 준비해
주셨으니 항상 이모같은 윤희언니에게
문제 발생시 연락편히 해주세요
언제나 은지씨 곁에서 알라딘의 램프
"지니,,와 같이 지켜드릴게요.

　이윤희 대표 : 010. 4710. 7501

Ps. 다시한번 가입 축하드려요.

To. 종욱아.

성연이 되어가는 과정안에서 보험도 포함되어

있거든. 너희 아버지 어머니는 정말 자식을

맘기 아끼고 사랑하며 "재형미래"에 대한

준비을 철저히 해주시는 분들이란다.

이제 이 증권은 종욱이께니까.

잘 보관도록 하고 사후에 문제들이

(질병. 상해.. 진단. 장해. 입원 등등이)

생기면 "010-4718-7501" 윤희이오에게

항상 연락주길 바란다.

너의 꿈을 향해 달려가는 종욱아

열심히 하란 말보다 즐기면서 하라고

말해주고 싶구나. 무엇이든 종욱이가

행복해지는 삶을 택하길 바래.

늘 건강하고 우리 서로 잘하자.

2023년 8月에
너의 금융설께사 이윤희 이오 딩

사랑하는 주형아,

엄마의 오랜 친구이자 너의 건강관련

보장자산을 책임져 주고 있는

평생맴버 이윤희 플래너이자 이모란다.

너희 부모님께서 너의 안전한 미래를

위하여 이렇게 좋은 선물을 준비해

주셨으니 살면서 부모님께 늘

감사하길 바라며

살아가는 동안 보험관련 (건강) 문제발생시

이 윤희 "010 4718 1501 ,,로 전화해

주시길 ... (입력해 놓기)

주형아, 너의 밝은 미래는 이모가

늘 응원해 줄게 사랑한다

2023년 10월 에

윤희 이모.

To 준재씨

19년동안 보험과 함께한 희로·애락을 보내셨구여.
여전히 이자리에서 보험와 고객분들과 미래의 역경에서
좌절하지 않도록 열심히 뛰고 있습니다.
'인연,, 준재씨와의 소중한 인연을 치타기 여기고
이 소점을 출발선으로 해서 항상 변함없이
함께 하겠습니다.

보험은 보기보다 험한세상에 꼭 필요한 중요자산입니다.
사랑하는 가족을 위해 지켜내야 되고. 지켜야 할 자산이기
힘내어 함께 건강하게 지켜보아요

오중같은 '유병장수 시대에,, 내몸의 안전벨트,, 같은
초 간 항목 보험,, → 시대가 변했기 때문이,
빠르게 인식하고 준비하는 우리 준재씨가 되어주심이
다시한번 축하드리고. 감사드립니다.

지또한 이자리에서 열심히 더 공부하오,
항상 옆에서 단리잘하는 담당자로 남아있겠습니다
주변에 좋은분 소개도 부탁드릴께요 ∧∧
다시한번 감사드리구요

                    2028년2 11月에 아윤이 대표올림

To 서율아

서율아 좋은 부모님을 만나.
이렇게 곧 성인이 될 너에게
좋은 상품으로 준비해 주셨으니.
항상 부모님께 큰정성을 갖고. 감사하는
마음을 갖도록 해주세요 ^^.
그리고 차후에라도 보험에 관한
궁금한 사항들. 이오기게 항상
서율이의 부모님이 하셨던 것처럼
의논해주고. 함께 해주길..
예쁘고 착하게 자라는 서율아.
이 세상에서 서율이가 하고 싶은 것들
다 이루며 살기 바랄께. "화이팅,,

2026년 2월에
교보생명,, 서율이의 이모 이은희 드림~

TO. 영춘씨

과자보다는 이게 나을 듯 해서

주말에 흰밥에 돌자반 볶음

넣어서 주먹밥 해서

갓김치랑 맛있게 드시고

힘내요 ~

건강한 몸을 만드는건 음식 밖에

없어요~.

수고하구여 ~

늘 사랑합니다 ^^

PS 친구들 소개도 간간히 부탁해요.

유희누나

To. 노영씨

인생을 살아가면서, 사랑으로 태어나서
해야 할 일이 너무 많소. 지금도 1)일 세상앙에서
노영씨에게 좋은 두분 (어머니, 아버님)이 계셔서
인생이란 긴 여장을 가는동안 , 그리고

노영씨의 꿈과 목표를 향해갈때
안전하고 든든하게 나아가실 수 있도록
보장자산을 견비게 ~~주선했네요~~ 주선했잖아요 !

혹시나 언제 발생시 항상 이오넘같은
윤리누나에게(ㅋㅋ) 수시로 연락해서 문의해 주시오
있으는 긍인으로 잘 대이팅하세구여 ~.

       이윤희 대표번호 : 010. 4718. 2501

PS 다시한번 가입 축하드려요 ~.

To. 최애화 고객님

이렇게 인연을 맺습니다.
너무 축하드리고 감사드려요.
수많은 "설계사,,들이 있지만.
이렇게 "인연,,은 만나게 되어 있나봅니다.
제가 늘 지금부터 보험을 유지하는
기간까지 평생 함께 할게요
물론 그 아이에도 "아들에니,,로 인연을
이어 갈것이니. 마음 편하게 있으십 되요 ^^
저는 "소나무,, 같은 사람이라 변함없거든요.
주변의 좋은 분들 소개도 부탁드려요~

P.S. 주말에. 맛있는 과일이라도 사서 드시라고.
"롯데마트,, 상품권 보내어 더 예뻐지세요! (과일도

2026년 3月 이연희 올림

10. 고 정국 고객님

부모님께서   준비해 주신   가족사랑의   실천인

보험증권을   전달드려요.

잘 이어가신다면   정말   필요하실 때,

가족모두에게 "돈, 때문에   병원비 때문에

우는 일은   있지   않으실겁니다.

다시한번   축하드려요.

언제든   궁금하신   사항은   전화주세요.

이렇게   평생   같이가야   할을   편지로나마

전하면서   날마다   행복한 날들   보내세요,

                    2026년 3月
                   금융주치의 이윤희 대표올림

To. 고미집 고객님.

우리가 살면서 보험은 우산과 같다는 설이 있습니다.

매일 매일 우산은 쓰지는 않지만 폭우가 쏟아지면
내 몸을 막아줄 그 작은우산에 다 의지하잖아요
그런데 그 우산조차도 수시로 점검하지 않으면
구멍이 나있는지 대살이 부서져 있는지 모르다가
정작 비를 피하지도 못하고 버려지는 경우가 많은데요
이처럼 살아가면서 제일 먼저 준비해야되고
점검하며 가야 하는 중요한 것이 "보험"이라고
합니다. 늘 건강하세요. 그래서. 사는 동안
아프지 않고. 다치지않고 보험혜택을 안받는 것이
가장 행복한 삶이 되겠지요. 하지만 단 하나의
"변수"를 준비해서 안전장치 해놨으니.
보험으로는 미래의 역경에서 힘들지 않게 제가
함께 있어드리겠습니다. 저 고객이 되심을 축하드립니다
2026년 3月에 아윤희 올림

> 고정국, 고미진, 조애화 님은 가족이구

> 자녀에게도 쓰고 부모인 어머니에게도 각각의

> 편지를 써서 전달하였다.

VI

거절, 권유 편지

안녕하세요!^^ 임지선, 구정환 고객님
직접 찾아뵙고 인사드려야 하는데 먼저 지면을
통해 인사드리게 됨을 송구하게 생각됩니다
저는 교보생명에 이윤희소장입니다!
배우자분인 임지선고객님과는 두번정도 이야기를
나눠서 가족에 대한 계획과 미래에 대한 준비에
대해 많은 이야기를 나누었는데 가족에 희망이자
가족의 주축인 구정환고객님도 함께 이야기를
나누었다면 더 좋았을텐데 하는 아쉬움이
남더군요! 다음번에는 꼭 한번 함께 하는 자리
기회를 주셨으면 성심껏 정보와 부족하나마
도움,궁금하신 부분에 대해 답해드리겠습니다.
형님께서 금융관련 직종에 계심을 배우자분을
통해서 ^^들었습니다.당연히 가족분에게 어떠한
경우에라도 가입이라는 도움을 드리는 것이
맞습니다!하지만 저 또한 금융을 공부하는
사람으로 고객에 대한 배려를 한다면 감히
포도주에 대한 비유를 해드리고 싶습니다
그것이 비단 모든 상품에 해당하는 것은
아니구여! 가입하고 계셨던 연금상품은 먼저
가입하고(즉 하루라도 빨리 가입을 말합니다)
오래두면 오래둘수록 이자의 효과가 눈떵이
처럼 커지는 상품입니다! 그래서 그 이유에 관한

명확한 근거들을 대화를 통해 말씀드리면
갈증해소가 되실텐데........^^
구정 환고객님께서 바쁘시고 여러 여건들이
아니됨에 자료들 함께 드리고 옵니다
먼저 보시고 궁금한 부분들 다시 배우자분
을 통해 전달해주시고 시간적인 여유가 되
심 다시 와서 말씀전하겠습니다

글로 일일히 다 표현 할 수 없음에 나름
답답하지만 마음으로 전달 되어졌으리라
믿어요!

늘 가족에 대한 사랑과 생애설계를 하면서
너무나 이쁜 가정들을 만나고 봅니다
그러기에
한 가정에 대한 미래설계는 제게 큰 자부심
이기도 합니다. 이런 자료들이 구정환 고객
님의 생각을 전환시키기 쉽지 않겠지만
꼼꼼히 살펴보시구 읽어보심 제가 왜
연금상품을 다시 시작하는 것이 얼마나 인생에
큰 리스크 햇지엉 을 알게 되리라 생각됩니다.
수고하시구 몸 늘 챙기시구여
문의전화 010- 4718- 7501 이윤희소장올림

To.

안녕하세요.

저는 교보생명에서 11년차재 근무하고 있는

(이젠) 계양지원단 소속에 아순미 소장 이라고 합니다.

얼굴을 뵙고 인사드리고 설명드리는 것이

마땅하나 업무가 늘 바쁘시다 하여

이렇게나마 펜을 들어 서면으로 인사드려요.

그렇게 더웠던 을 7.8月 잘 버텨주셨나요?

그럼에도 불구하고 이제 더워사는 듯 좋기까지

하네요. ^^ 사람이 아무리 능력이 있을지언정

계절의 변화는 쫓아 갈수가 없사옵니다.

병참서, 저는 이 일께에서 많은 고객들에게

보장자산과 노후자산. 그리고 경제무설계를 통한

미래에 대한 삶의 일부분이긴 하지만 그런부분들

준비에 드리면서 많은 이야기들 그리고

사건 사고를 보기도 하고, 처리해 드리고.

함께 하는 고객들의 인생에서 저의 인생도

느낄 수 있었던 것 같아요.

인사만 드리려고 편을 잡았는데...
이놈의 직업정신이 (ㅋㅋ) 제 연장을 다시
잡으켜 서우니 그만 편 줄여야겠네요. (그죠?)
　　마지막으로 병장씨~
보험은 10원짜리서부터 천만원 이상까지도
안들은 상품은 없다고 생각합니다.
자만 내게 맞는 '보험,,이냐, 보험료 이냐,,를
결정하시는 것이 중요하지 보기에 다른 그 어역것
보다. 힘이 드는 금융상품,,이기도 한 것 같습니다.

보험은 인류가 개발한 최고의 발명품,,
이라고 하잖아요.
최소의 기회비용으로 사의 건강에 대한
안전벨트,,를 매시는 거라 생각하면
좋은 것 같습니다.

병창씨와의 만남을 기대하면서.
　　　운의 사항 있으시면
　　　　　　010. 4718 7501
　　　이 놈의 부지런함으로 전화주세요.
수고세요

10. 박상현 대표님

저의 고객이 되어주셔서 매우 감사드리고
다시한번 축하드립니다.

좋은 인연을 만난 인연으로 이제부터
박상현 대표님 가정이 "보험이란, 보장 자산을
만질 수 있게 되어 더욱 기쁘구여

이제부터 ~ 대표님 옆에서 끼게다 여경에서
좌절하지 않도록 조금이나마 보탬이 될 수
있도록 함께 하겠습니다.

날로 급변하는 금융·보험 환경속에서 그래도
이상현이, 고보에 아웃회플게씨가 있어 "참 다행이었다,
고 말하실 수 있도록 늘 공부해며 지켜지겠습니다.

저의 대표님의 '인생 라이프 싸이클,,을 들으면서
생각했던 건, 그래도 그 모든 것을 지켜내기 위해서는
보장으로 "안전벨트,,을 맸으셔야 된다고 다시 한번
말씀 드리고 부탁드립니다. 늘 건강하시고 가정안에서
행복한 일만 있기를 기원드립니다.   2024년 1월에 이상현 올림

→ 그리고
대표님과 같은 분 두번만 꼭
소개 부탁드려요 ~.

상품 플랜 추천 같이 보내드려요.

참고 (ㅋㅋ)

세금없이 (0원도 안내요)

비과세 되고

7년 84개월 이후

중도인출해서 써도 되고.

묶어두면 이자수익으로 ～～.

강제저축이 현금화가 이제
큰 역할 해주는 시대 ..
                    ↳유동성 자금 확보

너머의
약속

오늘도 나는
고객에게
편지를 씁니다

Sign 싸인
너머의
약속

오늘도 나는
고객에게
편지를 씁니다

VII

소개 편지

To. O, 목사님

계속되는 한파에 건강에 문제가 될까?
걱정이 앞서면서 펜을 들어봅니다.
저는 /3년동안 "생명보험,,이랑 일을 통해
많은 고객들에게. 당신이, 아프시면? 아플수 있다면
당신이 노후준비를 못했다면? 아니 안했다면?
늘 힘이 빠지는 소리이지만 미래의 역경에서
좌절하지 않도록 항상 진중하게 이야기하여
준비를 해드렸던 것 같아요~ ^^
언젠에 읽었던 정찬용 작가의 단편시집에서
"보험설계사,,란 책속에 한줄에 "완전중정,,한적이 있었어
'건강할땐 원수, 아플 땐 생명의 은인'
보험이란 정말 그런것 같아요.
하지만 사람은. 다 아프고. 결국엔. 다. 하늘의 것이
되기에. 삶의 자리에서 지키며 가야 할 필수항목,,
인듯해요.
목사님의 "병한 일기,,는 저에게 이 앓을 정말 지금보
겪더더 최선다해 해야된다는 생각을 갖기 한

사건이 잦기도 했지만. 고객편에서서 더 많이 제안을 해야 한다는 강한의지,,도 생기게 했던 것 같아요.

목사님. 살아 계시는 동안. 건강하셨음 좋겠어요. 저 고객은 제 욕심여긴하나 보험은 제대로 준비시켜주지 않아줬음 하는 아쉬움을 가져봅니다.

물론 그분의 뜻이 어찌있는지 깊음은 제가 헤아릴 수 없겠지만 알아져 ~~~.

목사님꺼서 식구를 떠불어 않은 분들에게 동역자 역할을 해주셨으니 저는 더 열심히 이 자리에서 많은 분들이 미래의 역경에서 좌절하지 않도록 생애설계 지음은 더 많들이 드리는 멋진 이슈의 ,, 플래너어가 되겠습니다.

P.S. 목사님. 가입축하 선물로 약소하지만 저축과 주말이 외식하시라고 외식 금일봉 넣어났어요 식구들과 사랑 백배 넘치는 식사 꼭 하세요. 감사합니다. 그리고 사랑합니다.

2018년 1月에
이 은   드림

→ 이 중간 편지는 제게 너무 특별한 편지쓰기였습니다.

목사님을 소개받고 암보험을 가입하였는데.

"폐암,,진단으로 가입한 암보험이서 혜택을 받으시고

사모님, 자녀, 형제분들을 소개해주세요.

그 인연으로 목사님의 가족일부가 제 고객이 되어주셨습니다

목사님은 생존확율 5% 밖이 되지 않는 다는

"폐암,, 진단아픽 정확히 '5년,,을 삼키며

싸키다가 수요예배를 다려 가지는 저녁 7시 좋은

"심장마비,,로 하늘나라에 가시게 되였습니다.

— 때기슴에 삼가 고인의 명복을 빕니다 —

목사님과 병중 일기,,는 주고 받으며.

더 많은 고객들에게 건강라라 상품을

전달 드렸던 것 같습니다.

"목사님 하늘에서는 평안하시고 행복하세요.

목사님의 충성된파토너 아프지 않아

VIII

이벤트 편지

To. 삼섭아! 우선 늘 변함없는
마음으로 너의 가정에
플래너로 인정해주고 도움
줘서 고마우이!
증권보낸다. 조그마한 선물도
함께 보내!(십만원^^%)
사랑하는 현숙씨와 은규랑
주말에 맛있는 저녁 사 먹으라고
꼭 꼭 이번 주말에 근사한 곳에서 보내!
이마트 상품권 보내려다
'머니'가 나을 듯 해서.... 조치?
늘 너의 착한 심성으로 가족에 대한 실천으로
행복하고 아름다운 가정 꾸려나가길 바랄께
그리고 은규 교육자금 자료 만들어서 보낸다
한번 꼭 읽어봐 서울대노트도 함께보내니
은규에게 서울대학교의 비젼을 심어주길..
일부러 고객들 주려고 서울대가서 사
왔어! 대단한 고객사랑이지 이윤희소장^^ㅋ

늘 행복을 선사하는 보험인이 될껄 약속하며
2010년 1월에...교보이윤희소장드림

워드 글자로 써서 보내기도 해보았는데

감동이 덜하는 느낌이었다.

그래서 나는 다시 손편지를 쓰기 시작했다.

안녕하세요? 고객님!
김은선 자산관리사님과 함께 일하고 있는 파트너장인 교보생명 이윤희소장 입니다.
먼저 지면을 통해 이렇게 인사드리게 되서 너무 송구하게 생각합니다.^^*
다음번에 관리사님과 함께 직접 찾아뵙고 인사드리겠습니다.

김은선 자산관리사님은 매우 성실하시고 고객에게 인정받으시며 정직과 성실로
이 자리에서 한결 같은 마음으로 일하시며 가족사랑을 실천하시고 고객 한분 한분에게 보장자산과
노후에 대한 준비를 끊임없이 설계하시고 지켜주시는 분이십니다.
인생에 있어서 누구를 만나느냐에 따라 생각이 바뀌고
발전적으로 살아갈 수 있는 기회들이 있다는 것은 너무나 다행한 일입니다.
지금까지도 열심히 살아 온 고객님, 늘 건강하시고 하시는 일마다 승승장구 하시길 바랄게요.
그리고 다시한번 미래에 대한 준비를 교보생명과 김은선자산관리사님께
맡겨주심에 다시한번 감사드립니다.

더욱 더 고객님께서 계획하고 준비한 자산을 관리함에 신경쓸 것을 약속드리겠습니다.
약소하지만 늘 건강하시라는 마음에 건강식품 준비해서 보내드립니다.
곳곳에 봄꽃이 만발하고 갖가지 푸르름이 바깥으로 나오라고 유혹을 하는 듯합니다.
이번주말에 가족들과 봄냄새 맡으며 여유롭고 행복한 시간보내세요!
또한 우리 김은선 자산관리사님이 이 자리에서 더욱더 성공하고 성장 하실 수 있도록
주변에 많은 분들 소개도 부탁드려봅니다^^* 다시한번 축하드리고, 감사드립니다.고객님~~~

　　늘 건강유의하시고 매일매일 즐거운 하루하루 되세요.

　　　　2011.3월에...

　　　　교보생명 이윤희소장 드림 010-4718-7501

"

팀 파트너 고객에게

팀장이 편지로 인사드린 손편지였다.

감사의 편지.

그리고 팀원이 더 훌륭했음을

인식시켜주는 손편지였다.

"

축 복 합니다.
우리 현옥씨와의 인연이 ^^%이렇
게 연결되어짐에 감사하고 무엇보
다 내 고객이 되어준 것도 감사하
구여! 우리 사랑하는 조카 첫니
복을 준비하다가 뽕뽕이두 하나
샀어요!. 엄마 뱃속에서 잘 커주
구 건강한 출산 하갈 기도하께요!

　 사랑해요 울 현옥씨

　 2012년 울 이쁜공주를

　 아빠,엄마만큼이나 기대하고

To. 지선씨

참 어렵게 ^^, 힘들게 ^^ ~.

"아바 증선 보험" 증액 시켰네. 마음고생 많았다. 참 ~

그렇지만 준비했으니, 진심으로 기쁜

마음으로, 다시 한번 축하해.

늘 그래왔던 것처럼.

부족하지만 식구들한테 세카 잘할께.

보험이라는 것이. 이때의 역경에서 좌절하지

않도록 도와주는 것이기에.

생명보험이 가지고 있는 "가치"를 잘

전달 하는 제가 되어볼께여 ^^ ~.

늘 건강하고, "증천 전달 하면서

상품권 하나 삶어 가정 경제에 조금이라도

보탬이 되기를 ..

　　　　　　　　　사랑합시다 지선씨 ~

　　　　　　　　2015년 11月에

　　　　　　　　이　윤희　올지엘업

†. To. 정환고객님,

먼저, 교보생명과 부족한 이윤희 소장을 담당으로
선택해 주셔서 감사해요. ^^
제가 이 자리에서 구정환, 임지선 고객님
가정을 위해 누구보다 더 열심히
최선 다하는 사람으로 차지애기 할께요.

증표을 전달하면서 ...
정환고객님께만 특별한 이벤트를 해 드리고
싶음에 "힐링 가방" 준비해 봤어요.

건강이 우선이긴 하지만 (ㅋㅋ)
즐겁게 마시는 술„ 은 건강에도
좋을꺼라 사려됩니다. ♪ ♪ ♪
그냥 이거 보시고 장사나아 웃으시라고요 ~.
늘 파이팅 입시다.

가장으로써의 무게감, 아빠로써의 책임감,
수입원으로써의 고됨을 잘 알기에 오늘도 제가
응원드릴께요.

2015년 11月
이윤희 보기려가

부부에게 각각의 편지 글을 써서 보냈다.

보험을 싫어했전 배우자에세 설득하여 싸인을 받고

감사함에 주 부부에게 손편지를 써서 보냈다.

행복 만들기

우리는 지극히 작은 일들 속에서도
행복을 만들 수 있다.
날마다 마주치는 사람들에게
차디찬 눈으로 쏘아보며
뼈마디가 시리게 하는 말은
사람들을 달아나게 한다.
가슴에 와 닿는 친절한 말 한 마디와
따뜻한 미소로
꽉 조여 있던 마음의 문을 열고 다가가면
외면하고 돌아설 사람은 아무도 없다.
허겁지겁 정신없이 살아가며
자칫 깨지기 쉬운 우리들 마음이지만
진실한 마음을 있는 그대로 전해주면
누구나 반기며 좋아한다.
가식 없는 순수한 웃음이
삶의 길을 밝혀주며
우리들을 행복하게 만들어 준다.
사람들은 칭찬해 주고 돋보이게 해주면
누구나 환영하며 반겨준다.

4월의봄

제가보험외길을 걸어온지 10년이 되었습니다.
모두 우리 고객님들 덕분이라 생각됩니다
너무 감사하는 마음에작게나마 수건준비해서
보내드립니다.
앞으로 10년 더 뛰고 20년되면 또 선물준비해볼께요^^
응원해주실꺼죠!**
고객님곁에서 평생든든한 이윤희소장이 되겠습니다.
사랑합니다. 2016년 4월에.

To. 진희쌤~

충원 보내드려요
저의 고객이 되어 주셔서

감사해요

제가 가득 듣게 잘 할께요. ^^

충원 보내드리면서

학교기서 을컹 쓰시라구요.

그리구 곧 겨울이니 손난로

보내요~ (제 마음입니다)

그리고 갓 김치 식구들과

맛있게 드시라구 보내요

최고재료로 만든 김치라

정말 맛있어요 ~

교바ㅇㅇ 이영ㅇ 드림ㅇㅇ

To. 임수현 사모님께.

→상반 차 이르 함께 올라가야 될 것을.
그래서 편지 써 놓고 가여~^^ (어쩔수 없지여)
오늘 만나서 한 이야기 글로 써 놓고 가여.

① 증현은 하일이 꽂아두심 되거여~.

② 김은 냉동보관 (드시구 너무 맛있으셔서 울마시믄)

③ 이 액자는 특별한 액자랍니다.
→ 대털 액자라 해서 가격도 근가이긴 하겨야
더 좋은 것은 천년만녀 바래지 않는것
그리고 물에 빠져도 변색 되지 않는것.

④ 명절 다가오니. 제가 U&P 라고 생각하는 갯냉만 (ㅋㅋ),
유라 직접 만들어서 드리네요 (뭐래~ㅋㅋ)

⑤ 운수연상. 이번주 안에 50 이라도 꼭 .
해야 해요. 아유가 있어요.
세법변경. (오늘은 그이야기종 하려고 했는데...)
암튼 전화부탁요.

사랑합니다 나의 큰꼉이~
2016년 1월16일 양유라올림

P.S. 큰님쩨사장님 제발 아프지 마세요~
사모님 마음 아프잖아요 ㅠㅠ.
당낭 쌔버지는 것도 방법이여요.

사랑하는 저의고객님^^*께
안녕하세요? 교보생명 이윤희소장입니다
벌써 4월의 문턱,세월이 왜그리 빠른지여~~

세상에는 자신이 할수 있는 일과 자신이 하고 싶지
않은일 두가지가 있다고 합니다.
무슨일을 하시든지 급한일보다는 가장 소중하다고
생각되는 일부터 하시는 고객님이 되시길 바라며
고객님의 가정에 늘 행복과 웃음이
함께하시길 빕니다.

소책자 준비하여 발송드렸으니 잼나게
읽어보세요.여유를 갖는 시간들 갖아보시구여
그리고 언제든지 연락주시길 바라며,
항상 처음 시작하는 마음으로
고객님의 보금자리에 교보생명과 이윤희플레너가
함께 하겠습니다.

2017. 4월에
교보생명 게양중앙지점 FP소장 이윤희 드림

(마음을 여는 첫 통화에서 감동으로 남는 한 통화로
고객님과의 마음을 이어 가겠습니다.) 010,4718,7501

"

마음을 여는 첫 통화에서

감동으로 남는 한 통화로

고객님과의 마음을 이어가겠습니다.

"

To. 선배님

늘 저를 믿어주시고. 신뢰해 주셔서

감사드려요.

선배님같은 쌤 고객이 제 곁에 있어주시니

제가 이렇게 성장 할 수 있는 것 같아요.

항시 감사드리며...

건강 또 건강. 잘 챙기셔야 해요.

그리고 주변에 선배님과 같은 고객

꼭 소개 부탁드려요.

사랑합니다.   선배님~

2017.202   9月에

약소하지만 선배님 주변에

맛있는 라일 사드시라고 금일봉 넣어보내요~

○영란
일단 증권 그대로 나두고.
내가 갈테니 증권 잘 모아놓으셔~
나들이 가라고.
방수 돗자리, 너저리한게 싫어 ㅅㅅ
보냉가방은 은행없어 볼때도
좋더라구.
잘 챙겨서 다녀.
실비 변형은 어디가 해줄수
있는게 넣지 않아서 ㅅㅅ.
망 알지? 늘 고맙구.

2018년 5月

To. 언니

우리 영웅이 성인보험으로 UP~ 시켜
주고 준비해 준것 많이 뿌듯하고
감사해~ 늘 동생의 뜻에 따라주고
믿어주니 너무 감사 할 뿐입니다.

항상 언니 가정안에서 보험과
함께 "희 노 애 락,, 할수 있게

늘 이자리에서 같은마음으로
언니 곁에 있을께요, ^^ 사랑합니다.

P.s. 약소하지만 뭐 하나 사
넣어 뒀 ~ ㅋㅋ

2018년 10月 윤 Hee

To 영안언니

당신 참 애썼다.
멋진부모 책임지는 부가 되기 위해
우리 두 아이들에게
사랑의 실천을 약속하게 이 증천을
주여드립니다. ^^~

언니. 늘 지금처럼 헌신과 희생을
두려워하지 않는 언니곁에서 윤회맛한
변함없이 있어줄게. ^^~
증천 보내~ 여전히 그렇듯이.
넘어 뒤~. 그리고 따누치가방을
이번써 삿어~ 요가하게 쓰는
소개도 부탁하~

                    2019년 2月에
                    운희

“
사랑의 실천을 이수함에

이 증권을 수여드립니다.
”

To. 언니.

"보험„으로 힘든 일이 생길 때 도움이 되어야
되는데. 이번일은 보험설계사„로 일하는 저도
화가 나는 일이었어요 ~.!

하지만. 지나간 것은 다. 잊어버리시구요.
이제부터는 제가 싸워 드릴테니. 걱정
불들어매세요 ^^. (그런일은 두번다시 일어나서도
안되지만. 혹여라도 생기면 제가 나서서 챙겨 싸워
드릴게요).

아침마다. 좋은 글을 보내주시는 언니의 마음에
제가 많이 힘나는거 아시죠? 너무 감사드려요.
지금처럼. 그마음 그대로 함께 같이 가요 ~
암만건. 내용. 정리해서 넣어두었구요.

보험 청구관련 제가 다 해드릴것이니. 걱정마시구요

요즘 기온이 아침, 저녁으로 많이 틀려니까 ~

건강조심하세요. 언니. 파이팅해요 ^^

2021년 4월에
언니 가정의 안정을 재무설계사 이영희 올림

To. 진아야~.

학부모와 교사로 만나. 지금은 언니 동생하는
사이가 되고. 네아이들이 벌써 다 커서
대학에 들어가고. 대학을 졸업하며.
아이들이 커가는동안 너와 나도 익어 가고 있음이
그래서 세월이 약수라 같다지?!.
처음 우리유치원에 와서 싹싹하게 상냥하고
터프한 모습으로 세상부러울꼇 없는 멋진 상현이랑
데리고 와서 부원장인 내 얼굴에 미소,랑
크게 주고 갔던. 그 날. 그시간들을 생각하면
지금도 너와의 인연이 참. 크하고 감사해.
진아어머니? 응~ 그리고. 고객님. 응~ 그리고
진아야~. 이렇게 나이게 많은 이음을 부르게
해줘서 고맙습니다. 끊임없이 소개해 주고. 추가
계약도 늘 하려하는 너의 마음. 일하는동안 잊지않을께
다시한번 고맙고. 채윤이 내 제자 좋은 대학 합격,,
축하하고. 계약도 축하해. 많은 사람들중에
진아 널 알게되서 나의 행복한 윤희언니가~

尚 조선기 대표님

보험이란? 용의 희재을 늘. 야기한
시간들을 소중히 생각하며..
하시는 사업안에서 "보장„으로는 힘들지
않도록 늘 기도하고 응원드리겠습니다.
교보생명의 V·I·P 계약와 이어지만
삼 자체가 V V I·P 이신듯 하여 볼때마다
제가 더 가벼워지는 듯 합니다.

가정안에서 늘 평안하시고. 건강 늘 챙기시며
하시는 일마다. 승승장구 하시길 기원드리며
가족을 생각하는 마음으로 직원들의 복리후생을
준비해주심에 다시한번 감사드립니다.

2 0 2 0. 0월에
교보들과녀 이 대표가

❝

교보생명의 VIP 계약자이시지만

삶 자체가 VVIP 이신 듯하여

볼 때마다 제가 더 기분 좋아지는 듯 합니다.

❞

TO.　낫김치는

가을 겨울에만 나온다구

하더라구

늘(매년) 이 엄체 갓김치를

재근 아껴주고 사랑해주는

절친 2개들한테 10월과 11월

사이에 미리 수문해써

보내드리는데.

저는 살렁에 젬뱅이라 모르는데

이 김치는 정말 천연 재료로

써서 맛있게 역기가 줗더라구여

가족들과 함께 맛있게 드시라고.

한달전 미리 신청해 놓은게 늘 왔네요

윤희~

To. 사랑하는 성희야~

벌써 40년 넘어가는 세월동안

늘 한결같이 내곁에 있어줘서

고마워

언제나 믿어주고 신뢰해 줘서. 또

고마워. 늘 건강히 오래 보자.

사는동안 보험으로 생기는 모든 문제는

너의 베스트 plan이면서 플래너인 윤희가

책임져 줄께.

주령이 창호씨라도 사수라고

은방댁 높여 보낸다.

2023년 10월.

너의 베스트프렌. 윤희

To. 형님
늘 저를 믿고 무언가
준비를 또 하신 것에 대해
깊은 감사와 축하드려요
10년 변함없이 서로를 믿고 온 것처럼
또 10년. 이렇게 서로 아끼며
오래 갈 수 있도록. 해요 ~ ^^.
아무래도 건강 빨리 쾌유하시길
바라고요...
가을을 준비하는 문턱에서.
약소하지만. 상품권 전달드려요
(롯데마트에서 맞아는 라일 사서드레요) ㅋㅋ
윤희

TO. 수연.

각설하고. 명절 잘 보내요.

화장품 "파우치,, 이걸로 바뀌서

쓰오 그안에 내 마음 (알지 ? 원래)

담아 보내. 올 명절엔 가족들과

선엽이 군식구들 포함 행복한 한가위

보내고 얼굴볼때 보자~

내친구 늘 사랑한다.

너의 40번째 회원지기

순희 ~

右. 병가씨

증권을 전달드리며 ㅆ.
공부하시며. 일하시며. 밥 잘 챙겨서
옷 드실것 같아서 "혼밥„ ㅆ 하시기
좋은 음식들 챙겨서 보내요 ~
보험표보다 더 많이 보냈어요 (ㅋㅋ)
고맙죠? 김은 구운거라 정말 "웃.
맛있어요. 간장에 찍어서 그냥
드셔보세요. 곱창김 유명한거 아시져?
늘 건강 챙기시구요~ 좋은 인연으로
오래 만나여. 좋은 친구들 소개도
부탁드려수요. 하는일. 늘 응원할게요.
코로나 늘 걱정하구요.

                    2020년 6月께.
                윤희누나 몬20. (누나라고
                            할게8

고기문 대표님~

이렇게 저에게 고객이 되어주셨습니다~!
다시한번 귀한 인연에 감사드립니다.
보험이란 금융을 만진지가 11년이 되어가는데요
"보험"을 이렇게 정리해 봅니다.
보기보다, 험한 세상에 필요한 것 이라고요~.
건강 늘 잘 챙기시구여.
저는 이 자리에서 유지관리서비스에 많이
신경쓰는 관리자가 되겠습니다.

첫 번째 계약으로 의미를 부여해드리고 싶어서
네일과 소금 Lee. 함께 보내드려요.
건강한 밥상으로 맛있게 드세요.
주변분들 소개도 부탁드릴께요 대표님~.
강사합니다.

2023년 8月 1日에

"중앙종합외상" 이 순희 대표 트림

10. 경진씨!

먼저 우리 사랑하는 딸 다은이를 위해
미래자금 준비를 시작해 준것,, 다시한번
축하해. 내가 이일을 시작하면서 0세부터
90세까지 다양한 고객들을 만날때면. 늘 꼭
해줘야 하는 플랜들이 나름 있는데. 그중에
하나가 아이들의 학자금 (목돈)마련이야.
사실 아이가 커간다는 건 돈을 써야되는 날이 더
많아진다는 뜻이기도. 이제 되는대로 벌어서
가리킨다는 말은. 아주 오래된 옛날이야기! ^^~
요즘 경제 공부 트렌드는 각각의 주머니에
이름을 달고. 아이교육자금, 두분부노후자금. 장기요양(적예)
건강보험 등등. 종신보험→(아이가 독립할때까지는 부모로써 책임을
다해주는) 즉 수입원을 마련해두는거. 가장의 빈자리를 대신할
그래서 강제로라도 유ㅗ건 해야되는. 이렇게. 나타
나보다 더 큰 교보생명을 믿고 준비해줌에 다시한번
감사하고 축하해. 내가 이자리기써 언제까지

변함없이 이 자리에서 랄려잘 해주는 윤희언니로
남아 있을께.
항상 의논하고 (내가 자기한데 머리을 의논하듯이)
자기도 그렇게 그런 좋은 안연. 좋은관계가 되어보도록
하자수 ~
꾜역자금을 즌비항에 있으서 언니도 일근해야지
다온이 통장에 이오가주는 용돈 (5만원) < 터끌요아
                                        터끌인가 ? ㅋㅋ
통장에 넣어주어 ~. ^^   이보배응.~~.
술수 항들고 어려울 수 있겠지만   소개도 해줄수
있응 소개도 부탁할께. (잘해볼께 ^^ ~ 언니믿지?)
박바지 무더이   항께 잘 이겨내자.~

        2023년도 8月에
        좋응단의사 이○윤희 대표 으림

To. 24년 8月 17日

사랑하는 우리 혜준이의 결혼식

언제 이렇게 커서 가정을 예쁘게 꾸려나갈 수

있는 나이가 된거지. 너무 대견하고 감사하다.

혜준이가 커버린 시간만큼 부모님도 세월을 잡고

싶을만큼 나이가 들어갔고.~ 하~ 아쉽고 시원

혜준 결혼 다시한번 축하하고, 항상 엄마 아빠에게 감사한

마음, 사랑하는 마음 잊지말고 표현해주길 이모가 부탁한다..

이   이런 귀한 날들이

혜   혜준이에게   찾아왔구나.

준   준수하고 예쁘게 커온 혜준아~

김   깊이 오래오래 나도록 늘   뜨거운 마음으로 사랑하며

재   재미있게 , 즐겁게. 행복하게.

름   듬능한 재능시아 영원히 행복하길 기도하께

        ~ 3랑하고 축하해주고 싶었어 ~ 혜준아 사랑한다

            2024년 이모가 즈에게 보내는 편지

고객 자녀 결혼식도 축의금과 편지를 써서 보냅니다.

"

혜준이가 커버린 시간만큼

부모님도 세월을 잡고 싶을 만큼 나이가 들어갔고

"

To. 김정규 고객님

사현아의 증권을 전달하면서... 23년 12月의 겨울을 유난히 더 차갑게 느껴지는 해였지만 어찌하겠습니까?

다시 일어나야 됨이 맞으니까요.

가장이라는, 아버지라는. 그리고 배우자란 이름으로 삽 세실. 이젠 세가지 이름과 아선 두가지 이름으로 다시 힘내서 살아가 보자구요.

제가 좋아하는 책 속에 한 Paragraph가 있습니다.

모든 일은 완성 될때까지 천둥과 번개를 거친다는.

다시한번 두아이와. 정규님인생을 위해서 멋진 인생 2막장 만들어보시자구요.

그리고 제가 그 인생 2막장 한 켠에서 "보험" 으로는 힘들지 아니하도록 이자리에서 늘 함께 할께요.

다시한번 사현이의 보장자산들 준비해 주심에 감사드려요

2024년 3月

배우자님의 "암" 사망으로 자녀의 보험을 가입 후
편지를 써야되는데 많이 어려움이 있었던 손편지 였습니다.

> **가장이라는 아버지라는 그리고 배우자라는 이름으로 산
> 세월. 이젠 세가지 이름이 아닌 두가지 이름으로 다시
> 힘내서 살아가보자구요.**

To 성미씨.

런레터 쓰듯이

계약할때마다 쓰는 언니의

"런브편지,, (헤헤)

그냥 괜찮은 사람.

그냥 이쁜 사람

그냥 언니를 믿어주는 사람.

그 사람 때문에 여태 이일을

하고 있나보다. (감사해)

명절이니 상쪽같 오만원 보낸다.

유용하게 쓰세요. 사랑합니다.

　　　　　24년. 1月에

　　　　　너를 아끼는 언니가

To. 명대석, 김미숙 언니. 형부님께.

저의 고객이 되어주셔서 먼저 매우 감사드려요

좋은 인연을 맺은 연으로 이제부터. 형꾸와 언니

가정에 으리아이들이 미래의 역경에서 보험으로는

좌절하지 않도록 크공이나마 보탬이 될수

있도록 함께 하겠습니다.

날로 행복하는 금융·보험 한경속에서 느래도

이 상품이. 교보의 아웃이 들어서가 있어 " 참 다행이

라고 말씀하실 수 있도록 늘 공부하며 자거자키겠습니다

다시한번 저와 그리고 저보다 더 큰 교보생명과

인연을 맺어주셔서 다시한번 감사드려요.

늘 건강하시고 가정안에서 행복한 일만 있기를

기원드립니다.   2025년 4月에.

P.S. 믿어주심에 감사드리며. '소개,, 도 부탁드립니다
      제가 더 성장할수 있도록 도와주세요   오늘도 ^^
                                        from 열섬인 이을치 올림

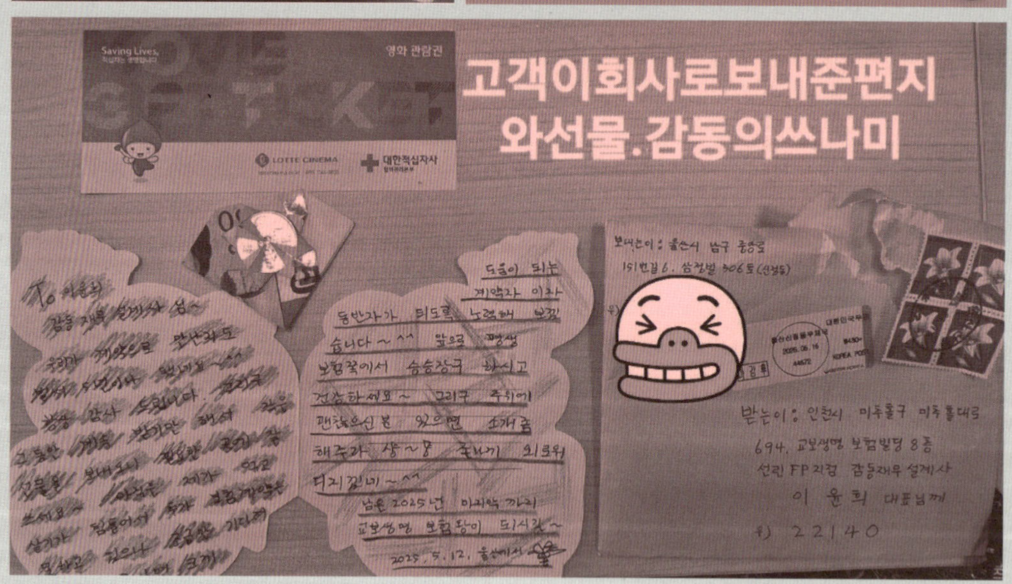

고객이전해준편지 - 너무감사하다^^♡
2026년 2월 12일 목요일
REBORN
ㅠ.ㅠ
감동
오후 6:36

영화 관람권
Saving Lives,
LOTTE CINEMA
대한적십자사
고객이회사로보내준편지
와선물. 감동의쓰나미

고객이 써준 편지

나의 증권에는 늘 고객에게 마음 담은 편지가 항상 있었다. 오늘도 여전히...

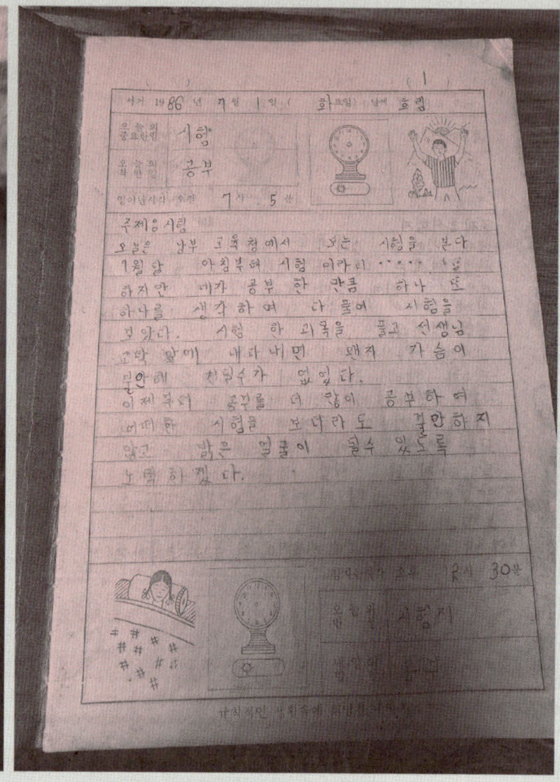

어릴 때 부터 나는 일기를 잘 쓰는 아이였다. 그래서 그런가 어른이 되어서도 나는 이렇게 손편지를
꾸준히 써왔고 오늘에서야 이 모든 손편지들이 세상 밖으로 나오게 된 것이다.

도장 : 약속의 의미로 고객 편지에 이름이 각인된 도장을 파서 찍어드렸다.

　저희 고객과의 소통의 일부였던 손편지 글을 끝까지 읽어 주셔서 감사합니다

　고객분들에게 제 마음을 담아 서비스하겠다는 다짐으로 20년간 썼던 편지가 2026년 5월에 세상 밖으로 나오게 되었습니다.

　제게 손편지는 고객을 향한 진실한 마음이었고 열정이었으며 더 잘해보겠다는 다짐이었습니다.

　혼자 책상에 앉아서 한 분 한 분 가정 가정을 떠올리며 펜을 써 내려갈 때 만큼 행복한 시간은 없었던 것 같습니다.

　마지막으로 저를 믿고 고객이 되어 주셔서 제 손편지의 주인공이 되주신 고객님들께 감사드리고 손편지 글을 소개하며 강의를 할 때마다 제 편지의 내용을 도서로 출간해 달라고 요청해 주었던 회사의 많은 동료와 선후배 그리고 관계자분들에게 진심으로 감사드립니다.

　그리고 저희 가족에게 감사하고 사랑한다고 전하고 싶습니다. 대추가 저절로 붉어질 리 없다는 장석주 시 "대추 한 알"의 대표 구절처럼 지금부터 다시 20년 변함 없이 고객들에게 저는 편지를 쓸 것임을 저에게 다짐해 봅니다.

　오늘도 나는 고객에게 편지를 씁니다.

　감사합니다.

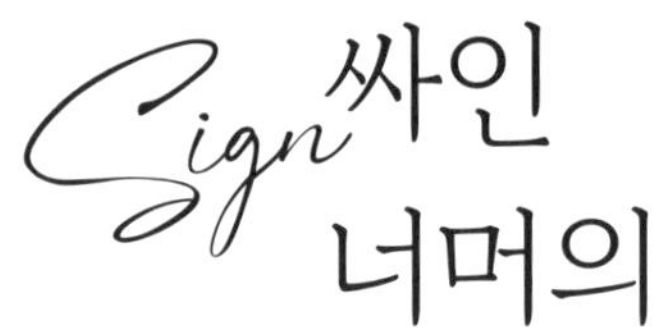

초판 1쇄 발행   2026년 5월 2일

지은이 이윤희
편집·디자인 홍성주
펴낸곳 도서출판 위
주소 경기도 파주시 광인사길 115
전화 031-955-5117~8

ISBN 979-11-86861-57-8 03190

● 책값은 뒤표지에 있습니다.
● 파본은 구입하신 서점에서 교환해 드립니다.